第一次自助游超简单

KYOTO

第一次自助游京都超简单

2015—2016年版

吕怡珊　林倩伃等　编著·摄影

北京·旅游教育出版社

CONTENTS

第一次自助游京都超简单 2015—2016年版

地主神社
恋占いの石

Chapter 1 认识京都篇

玩京都的5大理由

风景优美，四季皆宜的旅游环境

京都是日本著名的赏樱胜地，每到春天，京都四处都会飘散着粉红花海，各大景点皆为赏樱名胜。夏季时处处绿意盎然，加上鸭川的纳凉床，可有趟悠闲的京都夏日之旅。秋天的枫红图画以及微凉的初秋气候，也吸引许多游客前去。到了冬天，皑皑白雪覆盖金阁寺的美景，搭配寒霜中的梅花景致，更是冬季造访京都的一大惊喜。京都四季有不同面貌，让人四季都想前往旅游，甚至还希望能长居在京都。

充分体验日本历史古迹

京都在日本迁都至东京前，一直是日本的政治重心，平安京时期的独特街道规划，以及历代天皇在京都居住所留下的遗迹，都成为京都现今的历史名胜。京都拥有许多历史悠久的庙寺及历史遗迹，日本各大古装剧也喜爱在此取景，日本海内外游客都喜爱前往，无论是否了解日本历史，游客都能在京都感受到历史留下的故事。

自在品味传统文化

京都拥有不少日本传统人文特色，包括古代皇室文化、漫步于祇园小径上的美丽艺伎，以及独特又高雅的京都口音等，加上京都的饮食、商品、氛围都和日本其他地区大相径庭，来到京都仿佛进入时光隧道，回到往昔的时光般，让人流连忘返。无论是穿上和服实际体验当地的生活，或者静静观赏茶道的优美，京都是个相当适合品味传统日本文化的好地方。

尽情享用独特甜点美食

以往皇室及贵族习性让京都地区衍生出不少高雅的日式糕点及茶饮特色，包括精致甜美的京果子，以及淡雅芬芳的抹茶等。漫步在岚山或是祇园的小径，可看见不少传统的和子店家，细细品尝让人舍不得吃下的京子，以及日式抹茶或绿茶，搭配京都的美景是再也适合不过了。京都也有不少融合抹茶的现代或传统甜点，包括抹茶豆乳霜淇淋、抹茶蛋糕等，也是相当适合游客享用的美味甜点。

多姿多采的祭典

京都自古都是日本政治文化重心，有许多日本人心目中重要的祭典，包括重头戏祇园祭、时代祭，以及红叶祭、晴明祭等，这些祭典除了京都当地人，还是日本各地民众每年最期待的大祭典。祭典举办时，除了必备的热闹气氛外，还多了股只属于京都的高雅气息，让人仿佛在观看皇室活动，相当特殊。现在不只是日本，甚至世界各地的民众也会为了祭典专程前往京都。

跟京都有关的

1 京都的旅游旺季

京都最著名的就是赏樱及赏枫两大活动，因此春秋两季就是京都的旅游旺季，每到这两个时节，不仅机票一位难求，饭店、餐厅、各个赏景名胜都是人满为患，建议游客若想前往京都赏樱或者赏枫，最好及早计划，并提前较多时间订票及饭店等，以免向隅。虽然这两个季节京都拜访的游客众多，但在古色古香的传统京都街道上，欣赏枫红片片或者是粉红花雨，仍然相当吸引人，也是一生至少要欣赏一次的难忘美景。

更多京都旅游行事历资讯▶详见P.047

2 京都的气候与四季穿着

京都四季相当分明，旅游时的服装须依不同季节而准备。若在春季前往，建议可穿着薄长袖衣服，但早晚气温仍低且气候变化较大，携带防寒外套较佳；至于夏季因高温炎热，六月时还会进入京都的梅雨季节，建议穿排汗透气衣物并携带雨具；秋季时则早晚温差较大，可穿着短袖或薄长袖，但需准备较厚的衣物及外套；到了冬天，气温会降到10℃以下，还会有降雪几率，虽然雪量不及纬度较高处，但仍需准备御寒衣物，并搭配日本的室内暖气，采用洋葱式穿着较佳。

更多相关资讯▶详见P.016

3 京都的物价与商店营业时间

日本整体来说都算是世界上物价较高的地区，尤其是东京这个最高物价处，虽然京都比起东京物价较低廉，但由于观光盛行及食材较贵等缘故，在京都无论是购物还是饮食价格还是较高。但若是仔细比较，还是可以在巷弄中找到便宜的店家。另外，包括京都在内，日本的商店都较早结束营业，有些百货公司在平日甚至19:00便结束营业，除非到较热闹的居酒屋或者夜店区，一般来说还是建议游客尽量将购物行程安排在白天较保险。

15个问题

出发前
一定要
知道的事！

4 京都腔、关西腔？

日语在各地都有不同腔调及用法，关西地区又以大阪为中心发展出特殊的关西腔，除了重音与东京腔（标准语）不同，连不少词语都不太相同。京都腔虽然属于关西腔的一种，却又相当特殊，因以往京都为日本政治文化中心，当时的京都人讲究辞藻文雅、语感较轻，听起来较高雅，甚至还有不少日本人开设网站介绍京都腔。举例来说，进商店时最常听到的“いらっしゃいませ”(欢迎光临)，在京都则会听到“おいでやす”。现在的京都腔已混入大阪腔等其他腔调，只有在艺伎间或是较传统的街道才会听到老一辈使用纯正京都腔。

5 怎么玩京都最方便？

京都的大众运输工具相当发达，包括四通八达的巴士以及地铁系统，又加上关西及京都地区为推广观光，推出不少优惠票券，游客可充分利用这些优惠票券，来趟最划算又方便的京都之旅。例如京都2日乘车券，可在2日内无限次使用京都市巴士、地铁等设施，相当方便。另外，若想来趟悠闲并缓慢的深度旅游，还可租用自行车，随着自己的步调悠游于京都。

更多京都交通资讯▶详见P.082

图片提供／nonguo

6 如何看懂京都市区的地址？

京都的地址常出现如“上ル”、“下ル”等字样，常让游客摸不着头绪。其实是因为京都市区为棋盘式街道，“上ル”就是往北走（上がる）、“下ル”是往南走(下がる)、“东入（ひがしいる）”为往东走、“西入（にしいる）”则是向西行。因此，若看到一串如“京都市中京区寺町通三条上ル”的地址，就是在寺町通及三条街道交叉口往北走的意思。若能辨别出方位，便可轻松找到目标，有时还比日本其他地区的地址更好找。更多京都地址资讯▶详见P.017

图片提供／Soedazzo

7 京都“棋盘式街道”的由来？

794年时桓武天皇将首都迁至平安京，也就是现今的京都市洛中地区，当时仿照中国长安，采用棋盘式规划，最北端中央为皇宫，接着是最中心的朱雀大道，并将平安京分为左京、右京，但左右之分是以东西横向的划分为主，因此左京为东侧，右京则是西侧。加上当时崇尚中国风气，左京和右京则各自有了“洛阳”及“长安城”的昵称。这也渐渐衍生出现今京都以“洛”作为地区划分依据的概念。而这种以长安城为主的街道规划成了京都最大的特色之一，造访京都的游客也不易迷路。

8 为什么以前称“京”，现在称“京都”？

“京”指的就是“首都”，奈良作为政治中心时称为“平城京”，之后迁都京都，则称为“平安京”。而从平安时代后期开始，渐渐出现“京”或“京师”等名称，而有一说是为避免使用与西晋开国元老司马师同名的“师”，便改称为“京之都”(京の都)，也就是指“都城所在的城市”。加上京都作为日本政治中心长达1200年之久，“京都”成为此城市的专有名称，1867年日本大政奉还时期实施废藩置县等政策，便将京都定为当地正式名称，才有现今“京都”之名称。

图片提供／Hyouguchi

9 为什么“京都料理”是京都美食的代表？

京都料理味道较清淡，主要使用蔬菜、大豆制品，并将每道菜以京都人出众的美感装饰成艺术品。京都和大阪等关西地区是日本饮食文化的中心，京都料理完美融合传统日本料理、怀石料理、精进料理（佛教的素食料理）以及西洋料理等，加上京都独特的人文高雅气氛，让京都料理成为日本料理中的主要品牌，在日本各地都相当受欢迎。不仅日本国内民众，连世界各地的游客也相当倾心于美味又美观的京都料理，也成为到京都必定品尝的食物。更多京都必吃料理资讯▶详见P.020

10 “宇治金时冰”是什么冰？

宇治为京都著名的抹茶产地，而金时（きんとき）为红豆的别称，因此宇治金时冰指的就是宇治抹茶加入砂糖及水制成糖浆后淋上锉冰，再加上红豆，成了一碗红绿对比的沁凉冰品。有时还会加入白色的小汤圆，或者会淋上白色炼乳等，是到了盛产抹茶的京都必吃的一道甜点。抹茶带有高雅的苦味，搭配甜而不腻的红豆，相当适合在盛夏时节的京都来上一碗，相信和中国的红豆抹茶冰有不同的感受。更多京都必吃料理资讯▶详见P.020

图片提供／[cipher]

图片提供／iichangm

11 京都有名的历史人物？

京都因为是日本著名的古都，有不少知名历史人物都诞生在这个地方或者发迹于此，当然也有许多历史事件在此处发生。曾被改编成卡通及漫画的《一休和尚》中的一休宗纯以及历代天皇都是纯正京都人。而京都的众多寺庙也祭祀了不少历史人物，包括统一日本的丰臣秀吉、战国大将织田信长、最伟大的阴阳师安倍晴明，还有影响日本甚深，发明日语平假名的空海和尚等人，在京都都可一瞥其踪迹。到了京都不妨顺着古人的脚步，探索日本的历史。更多京都历史人物景点资讯▶详见P.033

图片提供／cosak

12 什么是“京町家”？

京町家为传统京都的住商混合型建筑，外观通常为双层建筑，但也有平房及三层建筑。京町家的门面较狭窄也较深，整栋建筑包括面向街道的店铺，以及厨房、仓库等处，狭长的建筑也有“鳗鱼的床”之称呼。而通常店铺门口的木制窗格会依店家形态有不同分类，如“酒屋格子”、“染屋格子”等，另外也会依建筑形式及方法有许多种类，现也有不少商店或旅馆保留京町屋特色，是游客到此一定要参访的传统建筑。更多京町家店铺资讯▶详见P.041

13 “艺伎”、“舞子”、“艺者”的差别？

艺伎是日本的传统表演工作者，负责在宴席中以舞蹈、演唱、演奏等表演方式助兴。艺伎卖艺不卖身，原文为“艺妓”，但为了不让人混淆艺伎及娼妓，现代中文便改用“艺伎”称呼。艺伎的训练除了学习花费极高外，学艺内容也相当严苛，虽然现在规定在14岁后才能开始学艺，但必须从见习阶段的“舞子”或“舞伎”训练起，历经层层关卡才能穿上华服，成为真正的“艺伎”。而“艺者”与艺伎相同，只是艺者为关东的称法，在关西则称为艺伎。艺伎为女性专有的工作，目前日本仅有一位男扮女装的艺伎存在。

图片提供／Norio NAKAYAMA

图片提供／Conveyor belt sushi

14 “艺伎”化妆之谜

正式的艺伎会梳上“岛田髻”发型，并穿上华丽昂贵的和服。艺伎的和服穿法和一般日本女性不同，由于日本人认为女性的后颈部为最美丽、性感处，一般日本女性会遵守保守规范遮住后颈部，但艺伎为增添女人味，会拉低和服后方，露出后颈部。而艺伎脸部妆容也有特殊规定，会使用纯白的颜料涂满整个脸部以及后方颈背处，但后方发际至后颈其中一段会刻意保留成原本肤色，看起来像W字样般，这也是为了让人留有对后颈处的遐想之设计。

15 “阴阳师”是什么样的职业？

阴阳师负责掌管阴阳道之占卜及观测天象等，是日本古代的官职之一。但后来这些人超出原本执掌，开始掌管包括咒术、祭祀等事务，阴阳师这个名称也变成非专指官职，而是负责这类事务的人之统称。就现代来说，阴阳师则是代表民间负责占卜、祭祀等事务者，或是神职人员。日本最著名的阴阳师则非安倍晴明莫属，他的生平充满传奇色彩，在日本小说家梦枕将他的故事改编为小说后，广受欢迎，甚至还有漫画、电影等上市，位于京都的晴明神社也成为游客参拜之地。

京都基本情报

成为京都达人的第一步！

京都概述

如果说东京是日本最繁荣的近代都市，那京都就是日本最繁盛的古都。京都处处充满历史古迹，以及富有传统文化的珍贵资产，这是因为京都曾是日本首都，无论是有形或无形的文化财都完整留存在此，也让京都被许多人认为是认识日本文化的一大宝库。

京都又被称为“千年古都”，在1869年明治政府迁都至东京前，京都是日本长达1200年的首都，各式文化汇流于此，成为这座超过千年的华丽古都。据史料记载，京都于794年由桓武天皇将首都由当时的长冈京（位于现今京都市南郊）迁至此处，因为期望能带来国家世世代代的和平与安宁，故命名为“平安京”，都市的设计仿效中国长安的棋盘式街道规划，相当方正规矩，也塑造出京都独具一格的街道格局。

期间历经镰仓幕府、室町幕府、战国时代等，一直到德川家康统一日本，并在现在的东京设立江户幕府。这么长的时间内，天皇都居住在京都，虽然国家受各幕府将军所掌控，天皇早已失去实质权力，但仍是日本民众心中神圣的象征。

到了明治天皇时期，皇室以及维新派的萨摩、长州藩起兵对抗江户幕府，并在改变日本格局的鸟羽伏见之战中一举击败幕府军，由德川最后一任将军德川庆喜宣布大政奉还，正式结束幕府时期，在1868年将日本政权归还明治天皇手中。之后明治天皇实行一连串的明治维新政策，并为了掌握江户地区的实权，便决定常驻江户，渐渐将政治中心转移至江户地区。但日本国法律中，并没有明确表示出日本首都为何处，也因此造成关西人仍认为日本首都为京都，而关东人却自认首都早已变成东京的现象。

明治维新的西化政策，影响了京都的古典面貌。1964年新干线通车；1981年京都地铁开通；而1997年时，高达11层楼，可说是站在时代前端的JR京都车站落成。一直到今日，京都已变成一座融合文化古意与现代时尚的城市。

气候

京都位于温带海洋性气候区，四季分明。地区豪雪带广布，南部则平均气温较高。春天平均气温约为13℃，是樱花盛开的时节；夏季平均气温则可达到26℃左右，高温湿热，建议在游玩时要注意水分补给，并做足防晒准备；秋天均温约为19℃，早晚温差较大，但较凉爽，只要记得携带薄长袖及外套便可；冬天时气温会降至7℃上下，虽然降雪几率不低，但降雪量较少，不过游客在冬季前往京都，仍需准备足够的防寒衣物。日本室内皆有暖气设备，采用洋葱式多层次穿搭较方便。

京都大事纪

时　代	年　份	事　件
	公元前8000年	京都开始有人居住纪录
	544年	开始举行葵祭
	784年	迁都长冈京
平安	794年	迁都平安京
	798年	清水寺建立（P025/P027）
	869年	开始举行祇园祭（P037）
	1177年	京都大火
	1178年	京都第二次大火
镰仓	1192年	镰仓幕府开朝
	1333年	镰仓幕府结束
室町	1338年	室町幕府开朝
	1467年	应仁之乱
	1571年	织田信长攻打比睿山
	1573年	室町幕府结束
安土桃山	1582年	本能寺之变
	1597年	丰臣秀吉建造伏见城
	1598年	丰臣秀吉开始举办“醍醐花见”活动（P029）
	1600年	关原之战
江户	1603年	德川家康开创江户幕府
	1603年	二条城筑城（P027）
	1662年	开始举办“五山送火”活动（P037）
	1863年	建造上贺茂神社及下鸭神社之本殿（P029/P031）
明治	1867年	大政奉还，结束江户幕府时代
	1869年	迁都东京
	1872年	举办第一届京都博览会
	1877年	京都车站完工
	1895年	纪念迁都平安京1100年以及平安神宫建立，开始举办时代祭（P038）
平成	1994年	京都17处建筑被列入世界文化遗产（P027~P029）
	1997年	签订京都协议书
	1997年	JR京都站落成（P122）

面积

京都府面积为4613平方公里，约是大阪的2.4倍大，在日本各都道府县中排名第31名，仅占日本总面积的1.2%，也只有北京的36%大。

行政区域

京都在日本国内的行政划分属于都道府县中的“府”，称为“京都府”。京都府下共有26个行政区，包括以京都市为首的15个市级行政区，10个町级行政区，以及1个村级行政区。京都府厅位于京都市内。

人口

古都京都的人口有262万，在日本人口中排名第13名，人口密度为569.5人／平方公里，在日本全国人口密度则排名第10位。京都境内人口分布较不均，主要分布在位于南部盆地的京都市内，而北部的山地丘陵区则少有人烟。

图片提供／maglee

图片提供／lightstars

语言

日本是个英语不太通用的国家，主要语言为日语，而日语分为平假名、片假名以及汉字三部分。片假名多来自外来语，而中国的游客即使不懂平假名或片假名，也可从大量的汉字中推敲一二。日本各地有许多方言存在，京都所在的近畿地方使用所谓的“近畿方言”，常听到的“关西腔”，指的是京阪神地区特有的方言腔调。但在京都又有独特的“京言叶”，也就是京都腔，这种腔调以往为皇室及贵族所使用，被认为是个性鲜明、气质高雅的古典方言。简单跟着当地店家或民众学习几句，也许能缩短与京都人的距离。

图片提供／ohree

自然环境

京都地势狭长，除了南部为盆地外，境内多山地和丘陵，加上京都属于温带海洋性气候区，冬季虽然不及北海道或东北地区严寒，但仍是四季相当分明的地区。一年四季间所呈现的多样性，增添不少京都的色彩。春季时樱花及各种百花盛开，是重视赏樱的日本人必访之处；夏天则是菖蒲花及紫阳花的花期，加上绿意盎然的景致，适合悠闲地在鸭川的纳凉床上观赏；秋天则可说是京都的另一大旅游旺季，许多游客会前来此处欣赏处处染红的枫叶；到了冬天，除了雪景外，初冬的椿花及晚冬初春的梅花也让游客在严寒季节中得到一丝暖意。四季皆精彩的京都，无论何时都适合前往，也可在每季都前往旅游一趟。

地理环境

京都位于日本中部的近畿地方，与大阪、神户并称“京阪神”地区，是日本关西的主要都市之一。北边面向日本海，东部则邻近日本第一大湖“琵琶湖”，南部邻接同为日本古都的奈良，而西部则连接兵库县。京都地势南北狭长，境内约3/4为山地和丘陵，北部以丹后山为主，地势较高；中部地区则有丹波高地，而南部则是人口较集中的京都盆地。京都地形起伏较大，但也造就不少美丽景观，并有不少特产因京都的独特地理环境而成为日本国内的著名产品。

图片提供／sunatomohisa

京都旅游旺季

京都最主要的旅游季节非春秋两季莫属，因春季的樱花花海以及秋季的枫红遍野，让此时的京都热闹非凡。每年日本在赏樱及赏枫季节都会开放夜樱及夜枫欣赏活动，将入夜后的樱花及枫叶打上灯光，让游客可以看到不同于白天的另一种风情。而京都也有不少可赏夜樱及夜枫的祭典，但每年实施期间及详情会依当年度气候而异，若想知道当年度详情者，每年的2—3月以及9—10月可分别在相关网站查询到当年度情报，规划旅游行程前，不妨参考以下网站资讯，可增加见到美丽花海的机会。

图片提供／Kyoto-Picture

图片提供／Kyoto-Picture

更多赏樱＆赏枫资讯▶详见P.024

参考网站：

遛遛步赏樱情报网站 http://www.rurubu.com/season/spring/sakura/

遛遛步赏枫情报网站 http://www.rurubu.com/season/autumn/koyo/

Yahoo Japan
赏樱情报网站 http://sakura.yahoo.co.jp/

Yahoo Japan
赏枫情报网站 http://kouyou.yahoo.co.jp/

Mapple
赏樱情报网站 http://www.mapple.net/sp_sakura/

Mapple
赏枫情报网站 http://www.mapple.net/sp_koyo/

■京都小常识

京都市区的路名与地址

通常日本的地址是以都道府县、行政区、町名、丁目数、门牌号码为顺序排列，例如“北海道札幌市厚别区厚别町小野幌50-1”便是以此方式排列的常见地址排序。但京都贵为历史古都，就连路名和地址都和日本其他地区不同，由于京都市区在规划时是仿造中国长安古城设计为棋盘式街道，道路相当整齐，仅有南北纵向及东西横向两种，古时甚至还有儿歌京都地名的儿歌帮助孩童记忆京都的路名。京都人在地址书写上习惯加入“交叉路口”以及“方向”，例如“上ル”就是往北走（上がる），“下ル”是往南走（下がる），“东入（ひがしいる）”为往东走，“西入（にしいる）”则是向西行。

因此，若看到一串如“京都市中京区寺町通三条上ル天性寺前町522-6”（图中B点）的地址，就是在寺町通及三条街道交叉口（图中A点）往北走，再寻找天性寺前町522-6这个地址之意。若能辨别出方位，便可轻松找到目标，有时还比日本其他地区的店家更好找。

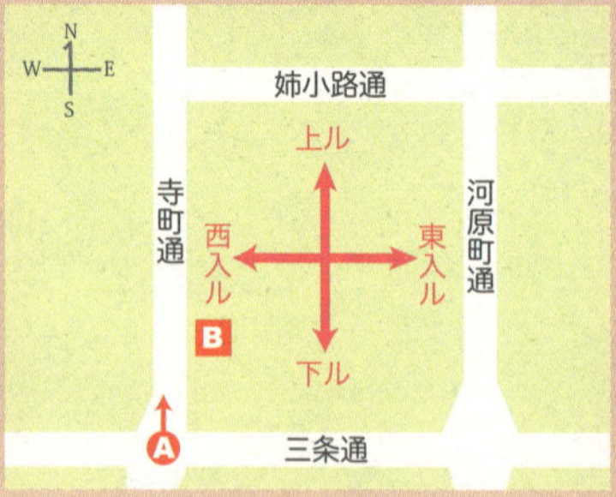

看地图认识京都

观光旅游五大区，快速掌握当地特色！

平安京是以中国长安城为范本的城市，以朱雀大道为中心分为左右两京，并分别被昵称为“洛阳”及“长安城”。但后人习惯以左京“洛阳”为主作为都城代称，并分为洛中地区及洛外地区，洛外又可再分为东西南北。此分区概念是本书最主要的分类依据，只要熟悉就能轻松畅游京都！

1 洛中

洛中包括上京区、中京区，以及下京区。京都车站、京都御所、二条城、三十三间堂、西本愿寺、鸭川，还有锦市场等都坐落于洛中。洛中在五大区域中面积最小，但完美结合传统与现代，是最受旅客欢迎的地区。

图片提供／lightstars

2 洛东

洛东包含山科区、左京区以及东山区。清水寺、祇园、平安神宫、高台寺、银阁寺、哲学之道等景点也都位于洛东地区。春秋两季时更是赏樱和赏枫胜地，吸引不少国内外游客前往洛东地区。

图片提供／INABA Tomoaki

3 洛西

洛西地区为西京区、右京区南部以及北区南部等，此处以前就是贵族喜爱度假的别墅区，加上金阁寺、天龙寺、龙安寺，以及岚山·嵯峨野，这里成为日本古典文学包括《源氏物语》等著作的背景地。

4 洛北

洛北地区为京都五大区域中最广阔的一区，包括北区及左京区北部地带，是最具有自然风貌的区域。区域内包括上贺茂神社、下鸭神社、晴明神社等著名寺庙，每年5月15日也会吸引许多人前来此地参加日本三大祭之一的葵祭。

图片提供／Conveyor belt sushi

5 洛南

洛南包含南区及伏见区等处，是日本最著名的酒及茶叶产地。包括伏见稻荷神社、醍醐寺、平等院、宇治上神社等建筑皆位于洛南地区。洛南盛产日本酒以及抹茶、绿茶等产品。

图片提供／cyesuta

京都府全图
伊根町
京丹后市
宫津市
与谢野町
舞鹤市
福知山市
绫部市
福井县
滋贺县
京丹波町
南丹市
京都市
左京区
北区
右京区
龟冈市
上京区
中京区
东山区
西京区
下京区
山科区
向日市
南区
伏见区
长冈京市
宇治市
大山崎町
久御山町
八幡市
宇治田原町
城阳市
兵库县
京田边市
井手町
和东町
大阪府
笠置町
精华町
木津川市
南山城村

吃在京都

品尝独特京都美食

1.京果子

做工细致、外表完美的京果子，在过去是皇室、贵族等社会地位高者在举办重要祭典或者茶道活动时才会出现的高级甜点。京果子味道较甜，但恰巧可搭配京都盛产的绿茶或抹茶一同享用。京果子会随着季节、时间有不同变化，并采用时令食材，让人可同时在视觉、听觉、味觉、嗅觉、触觉等五感得到至高享受。京果子种类多样，甚至还有资料馆可让游客一览京果子的历史及制作过程等，若能在粉红的樱花吹雪下同时享用春季限定的樱花京果子，想必是令人难忘的一场飨宴。

哪里吃

匠寿庵(哲学之道・京都茶室栋) 址 京都市左京区若王子町2-1 电 075-751-1077 时 10:00～17:00(每周三公休。此为京果子贩售时间，茶室及餐点贩卖时间请参照官网说明) 网 http://www.kanou.com/ 交 于JR“京都站”搭乘5号公车往岩仓方向，至“南禅寺・永观堂道”步行10分钟

2.京渍物

京都因为是不靠海的城市，加上有不少佛教徒，京都人自古为保存蔬菜而开发出特殊口味的京渍物。京渍物口味清爽，加上京都人的高雅特质，京渍物渐渐成为日本著名的上等腌渍物代表。其中，又以京都圣护院芜菁制成的“千枚渍”最有名。其他也常有以白菜、茄子、牛蒡、小黄瓜等“京野菜”制成的京渍物，不仅是京都人爱吃，很多人吃了一口就会爱上京渍物独特的好口感。若想多方品尝京渍物的口味，不妨到锦市场试吃看看，再至著名店家一次享用。

哪里吃

西利 祇园店 址 京都市东山区祇园四条町南侧2楼(餐厅) 电 075-525-7788 时 11:00～21:00(此为2楼餐厅营业时间，一楼贩卖部时间请参照官网说明) 网 http://www.nishiri.co.jp/ 交 地铁京阪本线“祇园四条”站2号出口步行2分钟

3.汤豆腐

汤豆腐源自江户末期南禅寺一带，原为僧侣所食用的素食精进料理，食用时将豆腐放入昆布高汤内烫熟，并搭配京渍物及蔬菜、天妇罗等一同享用。因京都自古以来都以优良的水质著称，汤豆腐不须过多调味就能品尝到最原始的甘甜，渐渐成为京都著名料理之一。另外，还有一种称为“汤叶豆腐”的料理在京都也很有名，“汤叶”就是豆腐皮，将锅内满满的白色豆乳经煮沸后捞出一片片的豆腐皮就能食用，也相当特别。

哪里吃

高濑川二条苑 址 京都市中京区木屋町通二条下ル东生州町484-6 电 075-223-3456 时 11:00～21:30 网 http://www.gankofood.co.jp/yashiki/nijyoen/ 交 京都地铁东西线“京都市役所前”站3号出口步行5分钟

4.丹波黑豆

自古以来，中国人就将黑豆作为营养食品，而日本近年来也将黑豆奉为保健圣品，就连《本草纲目》也有记载黑豆可帮助人体利水解毒、防老抗衰等，加上黑豆含有丰富的蛋白质、氨基酸以及植物固醇等，油脂中更有八成以上的不饱和脂肪酸，能促进血管软化、减轻高胆固醇风险，是目前最火红的健康食品之一。由于京都北部的丹波是日本著名的黑豆产地，游客不妨在京都品尝最地道也最高级的黑豆食品，出门旅游也能吃得健康。

哪里吃

黑豆茶庵北尾(京之厨房・锦店) 址 京都市中京区锦小路通麸屋町西入东鱼屋町192 电 075-212-0088 时 贩卖部10:00～18:00；餐厅11:00～18:00(每周三公休) 网 http://www.kitaoshoji.co.jp/ 交 地铁阪急京都线“河原町”站步行6分钟

5.抹茶甜点

位于京都府内的宇治市是世界著名的抹茶产地，由于京都的好山好水，让境内种出的茶叶拥有绝妙的芬芳。抹茶及绿茶都带有高雅香气，加上略苦而不涩的口味，搭配美观甘甜的京果子，仿佛置身于以往皇室生活中，让人能彻底感受到京都氛围的极品茶点。抹茶除了直接饮用外，炎炎夏日还可来上一碗宇治金时冰，或是抹茶口味的甜点，甚至在岚山渡月桥旁吃上一根抹茶冰激凌，无论是外表还是口味都让人难忘，生怕再也无法吃到如此美味。

哪里吃

茶寮 都路里(利) 祇园本店 址 京都市东山区四条通祇园町南侧573-3祇园利本店2、3楼 电 075-561-2257 时 10:00～22:00 网 http://www.giontsujiri.co.jp/saryo/ 交 地铁京阪本线至“祇园四条”站步行4分钟

6.京料理

京料理完美结合视觉、味觉、听觉、嗅觉，以及触觉等五感，并加入包括京都的精进料理、怀石料理等特色，让人置身在高雅娴静气氛中，享受多种感动。通常价格较高，但用餐环境佳，装潢带有浓浓的京都风格，其中最特殊的是在仿佛艺术品般的主餐后，还会送上西式甜点，让人一餐可以有不同收获。因此即使价格较高，还是建议游客品尝一顿地道京料理。另外，有些店家会提供较便宜也较简单的午间套餐，预算较低的游客可选择午间套餐享用。

哪里吃

粟田山庄 址 京都市东山区粟田口三条坊町2-15 电 075-561-4908 时 午餐11:30开始，晚餐17:30开始，采用事先预约制(可用英文mail预约) 网 http://okura.kyotohotel.co.jp/restaurant/awata/ 交 地铁东西线至“东山站”1号出口步行5分钟

买在京都

京都商品一次买齐

1.宇治茶

宇治茶指的就是以京都府南部宇治市为中心生产的日本茶，以往是献给皇室的高级茶种，以玉露和抹茶为主要种类，高雅的香气搭配京果子的美味，奠定宇治茶在日式甜品中的地位。虽然现今宇治市因都市化，茶园面积逐渐减少，但周遭乡镇的茶园仍维持一样品质，让整个区域出产的茶叶拥有极高评价，而宇治市一带也不乏知名老店，每家店铺的茶叶都有其特色，甚至还会有如诗词般的美丽名称。到宇治市除了当场品尝抹茶甜点外，也可买些茶叶带回中国享用。

哪里买

一保堂茶铺 京都本店 址 京都市中京区寺町通二条上ル常盘木町52 电 075-211-3421 时 09:00~19:00(周日及例假日营业至18:00，茶室营业时间请参照官网说明) 网 http://www.ippodo-tea.co.jp/ 交 地铁东西线“京都市役所前”站11号出口步行5分钟

2.和纸、文具

京都为日本千年古都，也是王公贵族的居住地，因此京都的不少生活用品、文具等都相当讲究，往往采用高级素材，并搭配高雅设计，以显示使用者的社会地位。位于京都的纸司柿本就是过去皇宫御用的店家，传承至今日便成为高级文具品牌代表，虽然进入现代社会，但店家仍然维持对品质一贯的坚持，包括手工制作的高贵和纸，以及品质优良的文具用品等都可在此找到。虽然价格较高，但若是想购买纪念物送给较重要的亲朋好友，选择这类商品准没错。

哪里买

纸司柿本 址 京都市中京区寺町二条上ル常盘木町54番地 电 075-211-3481 时 09:00~18:00 网 http://www.e385.net/kamiji/ 交 地铁东西线“京都市役所前”站步行7分钟

3.八桥饼

八桥饼是以米粉加上砂糖以及肉桂等制成如煎饼般的小点心，其名称源自一位音乐家“八桥检校”，因在日本传统音乐上具有显著贡献，为了纪念他便设计出这种甜点。历经时代更迭，衍生出“生八桥饼”及“烧烤八桥饼”两种类别，其中以生饼皮包着红豆内馅的生八桥饼更知名，现在也成为日本人到京都必买的伴手礼，而京都人自己也会赠送八桥饼给外地亲友享用。京都不少店铺都有提供试吃活动，不妨试吃一番后再选择喜爱的口味购买。

哪里买

圣护院八ツ桥总本店 址 京都市左京区圣护院山王町6番地2 电 075-761-5151 时 08:00~18:00 网 http://www.shogoin.co.jp/ 交 地铁京阪本线“神宫丸太町”站步行10分钟

4.美妆品

在京都可以见到艺伎优美的姿态以及特殊化妆的外观。由于艺伎需要长期化妆，对于肌肤的伤害当然也不可忽视，但她们却往往能维持完美妆容以及细致肌肤，其中秘密就是艺伎对美妆及保养品相当讲究，坚持使用天然素材，减轻对肌肤的损害。因此这类美妆品在日本造成一股风潮，包括吸油面纸、保养品及彩妆品等商品相当受欢迎，另外，连扇子、梳子等小物也吸引众人不少目光。这些商品还有着优雅外观，不仅自用，连送人也都是相当适合的纪念品。

哪里买

优佳美(よーじゃ)美妆品本店 址 京都市中京区新京极通四条上ル中之町565 电 075-221-4626 时 11:00~19:00 网 http://www.yojiya.co.jp/ 交 地铁阪急京都线“河原町”站9号出口往新京及花游小路步行5分钟

5.伏见清酒

京都有着天然的优良水源，水质清甜纯净，因此也造就此处的酿酒产业，尤其是伏见出产的日本清酒，质量优、产量也大，是京都的代表产物。其中最著名的非“月桂冠”莫属，月桂冠令人难忘的美味，也让日本皇室将其作为御用饮品，不仅在日本国内具有知名度，包括中国大陆和中国台湾以及欧美等国都相当喜爱月桂冠的美味。若有机会到伏见旅游，不妨前往月桂冠大仓纪念馆，一览制作过程及相关历史，并尽情品尝美味的清酒。

哪里买

月桂冠大仓纪念馆 址 京都市伏见区南町247 电 075-623-2056 时 09:30~16:30 网 http://www.gekkeikan.co.jp/ 交 地铁京阪本线“中书岛”站步行5分钟

酒后不开车，安全有保障

6.御守护身京小物

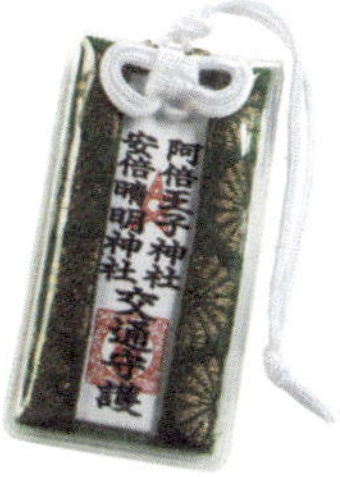

京都境内拥有不少神社，还可依神社内主要祭祀的神明分为祈求恋爱、交通、功名等不同神社。而这些神社内都有贩售御守及相关小物供游客祈求各方面的愿望，除了可在神社购买绘马祈愿，还能选择精致又有特色的御守分送亲友。御守的种类及设计也会依不同神社而异，若行程中有安排多间神社参观，也可一间间选购。不过日本一般认为御守的期限仅有一年，一年后须购买新的御守，而原先的御守则失去效用，因此游客也可计划每年都造访日本更新御守。

哪里买

晴明神社 址 京都市上京区堀川通一条上ル806 电 075-441-6460 时 09:00~18:00 网 http://www.seimeijinja.jp/ 交 地铁“乌丸今出川”站步行12分钟

7.一泽信三郎帆布

一泽帆布为洛东著名的帆布包百年老店，原本仅帮专业职人定做帆布包，但在世代更迭并经历一番风波后，第三代老板一泽信三郎重新开始经营这间店铺，并拓展事业触角，让帆布包的用途增加，也开始制作纯手工帆布包，加上新潮流思想，并佐以较时尚的设计等，一泽帆布又成为京都首屈一指的帆布包名店。虽然外观质朴不花哨，但实用又简单的设计，仍然吸引不少人目光，游客可亲自前往挑选，即使不送人，自己用也相当值得。

哪里买

一泽帆布 址 京都市东山区东大路古门前北 电 075-541-0436 时 09:00~18:00 网 http://www.ichizawa.co.jp/ 交 地铁“东山”站步行5分钟

玩在京都

美景人文彻底体验

1 赏樱赏枫名胜

京都每到春秋两季，就会涌进不少游客争相欣赏樱花或枫叶美景，因为光是京都境内可欣赏到樱花及枫红的景点就超过 20 处，每个地方都有其独自特色。因为赏樱是日本人的年度盛事，每到樱花季，许多寺庙便会开始开放“夜间参拜”，原本白天风姿楚楚的樱花，在各式夜灯照明之下，绽放瑰丽华美的姿态，让人赞叹不已。另外，无论是樱花或枫叶都有其“前线”预测时期，出发前可参考日本气象局所提供的预测资料，并及早订购机票及饭店，以免向隅。

赏樱胜地

景点1 哲学之道 · 倾斜铁路

哲学之道全长约1400米，是条自南禅寺后方蜿蜒至银阁寺的小径，伴随着潺潺流水，整条小径充满人文艺术气息。每到春天，粉红樱花盛开在小径上，形成像是樱花隧道般的美景，相当吸引游客。通常在白川通至银阁寺、南禅寺一带会有较拥挤的人潮，若想避开人潮者可越过白川通到西侧，但这样也会牺牲掉樱花隧道美景，旅客可自行选择想走的路径。另外，还可以再往南走，到地铁上站前的倾斜铁道旧迹处欣赏。

哪里玩

址 京都市左京区哲学之道 交 搭乘5、17、32、100、102、203、204号公交车至“银阁寺道”步行5分钟

景点2 平安神宫 · 冈崎

平安神宫内有著名的朱雀红色建筑以及占地约3.6万平方米的神苑，在春季到来时，此起彼落的樱花绽放，除了可欣赏樱花美景外，还能体验日本传统神道文化以及气息，再选购些御守，行程内务必要安排这一站。而平安神宫内须付费入场的庭园内有约350棵枝垂樱，在周边的冈崎疏水道也有不少樱树。樱花祭期间，每日09:30~16:30还可以搭乘十石船赏花，虽然人潮拥挤，也要价1000日元费用，但特殊体验也相当推荐游客尝试。

哪里玩

址 京都市左京区冈崎西天王町 时 各季节开放时间不同，请参照官网说明 网 http://www.heianjingu.or.jp/ 交 地铁“东山”站步行10分钟

景点3 鸭川

鸭川位于京都市中心，是京都非常重要的一条河川。京都当地民众以及外地游客都相当喜爱前往散步。岸边有不少餐厅，盛夏时还有纳凉床活动等，而春季时鸭川两岸满满的樱树也会随之盛开，除了漫步于樱花下，还能在沿岸的餐厅坐下来慢慢欣赏。虽然赏樱季节时一位难求，但能怡然自得地欣赏樱花倒映在鸭川河水上的美景，也是相当值得的。傍晚时还会看到一对对情侣在此散步，享受浪漫的粉红世界。

图片提供／merec0

哪里玩

交 地铁东西线“京都市役所前”站往御池大桥步行5分钟

景点4 円山公园

円山公园位于八坂神社左侧，明治十九年(1886年)就已开设，是京都最古老的公园，也是与东京上野公园齐名的赏樱名胜地。公园内设施不如其他新公园多，也未经整理，但每到樱花季节，这里便会挤得水泄不通，四处都是摊贩以及饮酒享乐的日本民众，和上野公园一样，俨然变身成一场祭典，热闹滚滚的气氛搭配美丽的樱花，着实是场奇妙的体验。但既然来到此处，不妨放松身心，随着日本人的脚步享受祭典的热闹氛围。

哪里玩

交 京都市东山区円山町473 电 075-561-0533 交 搭乘46、100、201、202、203、206、207号公交车至“祇园”站步行3分钟

赏枫胜地

景点5 岚山·嵯峨野

岚山·嵯峨野位于京都西部近郊，由于有山有水的优美环境，让此处自古以来就是京都著名的风景区。加上幽静环境，也出现在不少古典文学中，满山满谷的枫红仿佛风景画般，让岚山的知名度渐渐增加。而每到秋季，还会举办红叶祭，游客也可搭乘小火车沿途欣赏红叶景致。只是岚山是相当知名的赏枫景点，前往岚山前建议先订好火车票并妥善安排行程，以免被人潮坏了游兴。或者也可选择搭船悠游在保津川上，也是种不同体验。

哪里玩

交 搭乘京福电铁至“岚山”站步行1分钟

景点6 清水寺·高台寺

位于洛东地区的清水寺及高台寺，除了是知名的世界文化遗产古迹外，还是赏樱和赏枫的最佳地点。清水寺和高台寺境内各约有1000棵枫树，其中在著名的清水寺清水舞台上往下眺望，能将京都市尽收眼底，满满的红叶景致搭配音羽瀑布，相互映照煞是美丽。另外，位于清水寺附近的高台寺内也可欣赏到倒映在卧龙池的红叶风貌，无论何处都有不同感受，但都能带给游客满满的美丽回忆。

图片提供／Kyoto-Picture

哪里玩

清水寺 址 京都市东山区清水1-294 时 开放时间请参照官网说明 网 http://www.kiyomizudera.or.jp/ 交 搭乘京都市巴士46、100、201、202、203、206、207号至“清水道”或“五条坂”步行10分钟

高台寺 址 京都市东山区高台寺下河原町526 电 075-561-9966 时 09:00～17:00 网 http://www.kodaiji.com/index.html 交 搭乘京都市巴士100、202、206、207号至“东山安井”步行10分钟

景点7 东福寺

东福寺创立于1236年，名称来自于奈良的东大寺以及兴福寺，二者各取一字而有此名。东福寺为日本佛教临济宗教派的本山，同时也是京都自古以来最著名的赏枫名所之一，每到秋季，不仅京都本地人，还会有不少外国游客慕名而来。东福寺内最值得一看的，就是通天桥下可欣赏到枫红遍遍，整个溪谷布满深浅不一的红叶，不管怎么拍都像是明信片般。来此门票费用分为两种，但即使要购买两种门票，看到如此枫红景致仍是相当值得。

哪里玩

址 京都市东山区本町15丁目-778 电 075-561-0087 时 开放时间请参照官网说明 网 http://www.tofukuji.jp/index2.html 交 JR奈良线"东福寺"站步行10分钟

图片提供/kubotake

景点8 南禅寺·永观堂

南禅寺及永观堂位于洛东地区，南禅寺和东福寺相同，都属于佛教临济宗教派的本山，而永观堂则是佛教净土宗西山禅林寺派，三者同样都是日本佛教建筑。南禅寺三门周边种有大片枫树林，秋季时的美景甚至还被歌舞伎中的石川五右卫门盛赞为绝景。至于永观堂境内则有逾3000株的枫树，秋季时一同转红的美景让人目不转睛。由南禅寺一直延续到永观堂的道路，是京都著名的枫红散步小径，漫步于此，让人心旷神怡。

哪里玩

南禅寺 址 京都市左京区南禅寺福地町 时 开放时间请参照官网说明 网 http://nanzenji.com/ 交 地铁东西线"蹴上"站步行10分钟
永观堂 址 京都市左京区永观堂町48 时 09:00~16:00 网 http://www.eikando.or.jp/ 交 地铁东西线"蹴上"站步行12分钟

Tip 赏夜樱&夜枫推荐地点

京都有不少可赏夜樱及夜枫的活动，但每年实施期间及详情会依当年度气候而异，在此先自2013年夜樱以及2012年夜枫情报中选出几个景点汇整成表格，出发前建议先查询该年度资讯再安排行程。

图片提供/Kyoto-Picture

●夜樱推荐景点整理

地点	时间	费用
円山公园	入夜~01:00	免费
鸭川	入夜~21:00	免费
二条城	18:00~21:30	成人400日元
清水寺	18:30~21:30	成人400日元

●夜枫推荐景点整理

地点	时间	费用
清水寺	18:30~21:30	成人400日元
高台寺	入夜~22:00	成人600日元
贵船神社	入夜~21:00	免费

2 世界遗产与文化财

京都因为是日本长达 1200 年的古都，境内有许多珍贵建筑，包括以往的天皇居所、神社、寺院等，除了通过这些建筑一览日本历史，还可见证到日本的艺术之美。而京都的建筑物在 1994 年被联合国教科文组织列为世界遗产，京都境内也有不少建筑被日本认定为国宝或是文化财，这些被列为世界遗产的建筑及庭园设计代表日本文化在 8—19 世纪间的创造性及具有举足轻重的影响力。统计显示，日本有 20% 的国宝以及 17% 的重要文化财位于京都。

洛中

景点1 二条城

二条城建立于1603年，是江户幕府创朝元老德川家康所建，当时是为了让将军在前往京都御苑，也就是天皇居所护卫时作为将军居所使用，最后由德川家光完成整体建造。城内的二之丸御殿被日本政府定为国宝建筑，江户幕府最后一任将军德川庆喜也是在此处发表大政奉还，并宣告幕府的终点。整座城从战国时代开始见证日本的历史，一直到江户幕府结束为止。近几年二条城陆续开始整修工程，会依序封闭不同建筑部位，仅开放部分建筑供游客参观。

哪里玩

址 京都市中京区二条通堀川西入二条城町541 **电** 075-841-0096 **时** 08:45~16:00(1月、7月、8月、12月时每周二休城) **网** http://www.city.kyoto.jp/bunshi/nijojo/ **交** 地铁"二条城前"站步行1分钟

景点2 西本愿寺

图片提供／Richard, enjoy my life!

西本愿寺内供奉着亲鸾上人，他是镰仓时代日本佛教净土真宗教派的开创者。西本愿寺原位于现今大阪境内，在寺院建立后，受丰臣秀吉及织田信长的纷争影响，最后被丰臣秀吉迁移到京都。西本愿寺内有不少建筑已被日本政府列为国宝，其中飞云阁甚至还和金阁寺的金阁以及银阁寺的银阁并称为"京都三阁"。西本愿寺内有不少特殊造景以及建筑，值得游客细细品尝，尤其秋季时境内的银杏转为金黄，相当美丽。

哪里玩

址 京都市下京区堀川通花屋町下ル **电** 075-371-5181 **时** 05:30~17:30(开放时间会依季节而异，请参考官网说明) **网** http://www.hongwanji.or.jp/ **交** 搭乘巴士至"西本愿寺前"站即达

洛东

景点3 清水寺

清水寺为京都最具代表性的寺院之一，于798年由大将军坂上田村麻吕所建造，是座创立过程充满神话色彩的寺院。寺内信奉观音，香火鼎盛。未使用任何一根钉子建造的清水舞台，以及音羽瀑布，春夏秋冬四季多变的景观，加上可远眺京都的壮阔景观，处处都吸引游客前来。就连日本各地的学生，在修学旅行时也常会安排到清水寺参观，加上寺内有不少体验活动，不管白天夜晚都有不同风貌，让这里随时随地都充满着热闹的气氛。

图片提供／crewords

哪里玩

址 京都市东山区清水1-294 **时** 开放时间请参照官网说明 **网** http://www.kiyomizudera.or.jp/ **交** 搭乘京都市巴士46、100、201、202、203、206、207号至"清水道"或"五条坂"步行10分钟

景点4 高山寺

图片提供/ski8em

高山寺位于洛西的高雄地区，在幽静的山中可看见清泷川的溪谷，是座仿佛世外桃源般的清幽寺院。高山寺建造于奈良时期，寺院内藏有大量的古籍、绘画、文献等，相当珍贵。境内的石水院被认定为日本国宝之一，而开山堂也成为日本重要文化财之一。高山寺内甚至还有贩售印制院内著名山水画的手帕或衣服，能作为纪念又带有艺术价值。到此处的交通虽然较不方便，但能欣赏到不同于京都市区的风情，加上景观及文化皆美丽的寺院，相当推荐游客前往。

哪里玩

址 京都市右京区梅ヶ畑栂尾町8 电 075-861-4204 时 08:30～17:00 网 http://www.kosanji.com/ 交 搭乘JR巴士高雄·京北线往“栂ノ尾”“周山”方向至“栂ノ尾”站即达

景点5 鹿苑寺(金阁寺)

鹿苑寺完成于1397年，名称来自于室町幕府时期的将军足利义满。寺内最著名的就是贴满金箔的舍利殿“金阁”，因此后人渐渐将此处称为“金阁寺”。金阁寺、银阁寺以及相国寺三间寺院都是属于日本佛教临济宗相国教派的寺院，三者各有其特色，金阁寺则是这其中最具有知名度的建筑。鹿苑寺是世界文化遗产之一，也是日本政府所认定的国宝建筑。整座寺院内包括山水、庭园都带有佛教意境，若是有时间细细观赏可得到不少收获。

哪里玩

址 京都市北区金阁寺町1 电 075-461-0013 时 09:00～17:00 网 http://www.shokoku-ji.jp/top.php 交 搭乘京都市巴士至“金阁寺道”站即达

洛北

景点6 延历寺

其实延历寺在行政区划分上属于京都隔壁的滋贺县，但在历史上与京都关系较深厚。延历寺位于“日本佛教之母山”的比睿山中，开创者为最澄和尚。在战国时期延历寺僧侣众多，势力也逐渐强大，最后甚至卷入战国武将的纷争，还引发织田信长血洗延历寺的历史事件，造成寺内死伤惨重，经典古籍等文物也一并被烧毁，而延历寺也因此出现在不少文学作品中。整座寺院分为东塔、西塔以及横川三个区域，加上院内枫树众多，除了是著名世界遗产外，秋季时还是赏枫胜地。

图片提供/tataquax

哪里玩

址 滋贺县大津市坂本本町4220 时 开放时间依各区域及季节而异，请参照官网说明 网 http://www.hieizan.or.jp/ 交 自京都车站搭乘京都巴士51号至“延历山巴士中心”

景点7 贺茂别雷神社&贺茂御祖神社

贺茂别雷神社位于京都市北区，较常见的名称为上贺茂神社，与贺茂御祖神社，也就是下鸭神社同为祭祀日本古代贺茂氏之氏神的神社，并统称为贺茂神社。两间神社成立的过程充满神话色彩，在日本迁都平安京后皆成为护卫王城的神社，并受到众人的崇敬及爱戴。两间神社内的建筑充满特色，带有传统风格，而每年上贺茂神社及下鸭神社共同举办的贺茂祭，也就是葵祭，是最主要也最著名的祭典活动，常吸引不少游客前往参观。

图片提供／Az9520

图片提供／Kiwi He

哪里玩

贺茂别雷神社(上贺茂神社) 址 京都市北区上贺茂本山339 电 075-781-0011 时 10:00~16:00 网 http://www.kamigamojinja.jp/ 交 搭乘市巴士4、9、37号至"上贺茂神社前"站即达

贺茂御祖神社(下鸭神社) 址 京都市左京区下鸭泉川町59 时 06:30~17:00 网 http://www.shimogamo-jinja.or.jp/ 交 京阪电车"出町柳"站徒步10分钟；市巴士1、4、25系统在"下鸭神社前"或"糺ノ森前"下车徒步5分钟

洛南

图片提供／othree

景点8 醍醐寺

醍醐寺位于伏见地区，创建于874年，属于佛教真言宗醍醐教派，整座寺院共有约660万平方米以上的腹地，相当宽广辽阔，以往因丰臣秀吉喜爱到此赏花，便成为著名的"醍醐花见"地点。醍醐寺经历不少历史事件，还曾在1939年时因火灾而烧毁本殿等建筑，以及不少典籍；1968年时虽然将火灾时受损的上醍醐准胝堂重建完成，却又在2008年因落雷引起的火灾再度烧毁，是座命运多舛的寺院。但留存的建筑以及优美的风景仍广为人知，境内也有6栋被认定为日本国宝的建筑。

哪里玩

址 京都市伏见区醍醐东大路町22 电 075-571-0002 时 开放时间依季节及境内不同建筑而定，请参照官网说明 网 http://www.daigoji.or.jp/ 交 地铁东西线至"醍醐"站即达

景点9 平等院

平等院位于茶香浓厚的宇治市内，建立于1052年，寺院内融合佛教概念，并打造成佛教的净土庭园景观。寺院内最著名的就是凤凰堂，内藏不少艺术作品，其艺术及人文价值之高，令人相当赞叹。甚至在10 000日元纸钞背面还有凤凰堂的图样，历史意义相当重大。从2012年开始平等院凤凰堂的修缮工程，到2014年3月底结束。

哪里玩

址 京都府宇治市宇治莲华116 电 0774-21-2861 时 平等院庭园08:30~17:30；平等院博物馆凤翔馆09:00~17:00 网 http://www.byodoin.or.jp/ 交 搭乘JR奈良线至"宇治"站往东步行10分钟

3 有求必应神社巡礼

京都境内有许多神社及寺院，其中也不乏一些香火鼎盛的灵验神社，很多游客到了京都便会前往这些神社寺院祈求心愿，并购买神社的御守分送亲友。到了这些神社，首先须注意各神社都有其禁忌或者相关规矩，勿破坏当地规矩及习俗。神社是相当严肃的场所，参观前请着装整齐并保持安静，勿大声喧哗，依序完成参拜仪式。参拜完后还可以抽签、在绘马上许愿并购买御守，祈求自己或亲友平安。

恋爱祈愿

景点1 地主神社

地主神社位于清水寺一旁，到江户时代前都是清水寺的镇守神社，之后才因神社与佛教寺院分离的政策从清水寺独立出来。地主神社是全日本著名的结良缘、祈求恋爱运的神社，日本各地不分阶级男女老幼，都会到此祈求良缘，或者祈求安产等。而在神社的本店前，有两颗恋爱占卜石，相传若能从其中一颗石头闭眼走到另一颗石头前者，就能谈个美好的恋爱，有不少年轻人会在此挑战并祈求恋爱运，游客不妨也来此挑战看看。

图片提供／Mulberry24

图片提供／INABA Tomoaki

哪里玩

址 京都市东山区清水1（清水寺境内） 时 09:00~17:00
网 http://www.jishujinja.or.jp

景点2 野宫神社

野宫神社是京都著名的缔结良缘神社，而寺院内的美丽景致也曾让不少日本文人心仪，并写入许多文学作品中。野宫神社虽然主掌缔结良缘，但在祈求学业顺利、安产、事业顺利、财运亨通上也有相当的效力。据传在祈愿后若能摸摸野宫大黑天旁的“龟石”就能实现愿望。另外，野宫神社也是日本唯一采用黑木的鸟居，相当特殊。若到野宫神社，建议可购买特殊的结缘戒指御守，两个紧紧系住的戒指和红线，代表能和最重要的人相遇。

图片提供／is_kyoto_jp

哪里玩

址 京都市右京区嵯峨野野宫町1 电 075-871-1972 时 09:00~17:00 网 http://www.nonomiya.com/ 交 搭乘京福电铁岚山本线至“岚山”站步行5分钟

景点3 丰国神社

丰国神社建于1880年，主要祭祀者为丰臣秀吉。虽然乍看之下与祈求恋爱运没有关联，但因为丰国神社内供奉的不仅是丰臣秀吉，还有其妻子北政所，这对感情极佳的夫妻是经由自由恋爱后结婚，在民风保守的当时是相当罕见的例子。因此这座神社除了可祈求出人头地及开运外，还有不少人来此祈求缔结良缘、增进恋爱运。游客到此可购买葫芦形状的良缘绘马，写下心中所愿，也许可得到丰臣夫妻的保佑。

图片提供／e_s_jp

哪里玩

址 京都市东山区大和大路正面茶屋町 电 075-561-3802 时 09:00~16:30 网 http://www.apsara.ne.jp/houkoku/ 交 地铁京阪本线至“七条”站步行10分钟

景点4 下鸭神社

图片提供 / Kentaro Ohno

下鸭神社全名为贺茂御祖神社，除了是京都最古老的神社以及世界文化遗产的重要古迹外，其实下鸭神社也是香火相当鼎盛的神社，主要供奉缔结良缘的神明“相生社”。神社一旁有两棵大树从中结合成一棵大树，因此被称为“连理之贤木”，并被当成夫妇的象征，有不少年轻女性会专程到此祈求良缘。另外，据传下鸭神社的良缘签诗也相当灵验，到此也可抽取签诗当作纪念。若是抽到不好的签诗，也记得将其系在一旁的栏杆上，让厄运远离自己。

哪里玩

址 京都市左京区下鸭泉川町59 时 06:30～17:00 网 http://www.shimogamo-jinja.or.jp/ 交 京阪电车“出町柳”站徒步10分钟；市巴士1、4、25系统在“下鸭神社前”或“糺ノ森前”下车徒步5分钟

图片提供 / Kyoto-Picture

感受神力

景点5 上贺茂神社

上贺茂神社原名为贺茂别雷神社，位于京都市北区，与原名为贺茂御祖神社的下鸭神社被通称为贺茂神社。神社中一座座用砂堆起的小山，据说是与神明沟通的管道，而上贺茂神社主要保佑为祈求家内平安、学业顺利等，另外还有不少当地民众会请神社到自宅举行去除家内厄运等仪式，或者至上贺茂神社举办传统婚礼，是座当地居民很崇敬的神圣寺院。

哪里玩

址 京都市北区上贺茂本山339 电 075-781-0011 时 10:00～16:00 网 http://www.kamigamojinja.jp/ 交 搭乘市巴士4、9、37号至“上贺茂神社前”站即达

景点6 北野天满宫

北野天满宫位于上京区，主要祭祀的神明为学问之神菅原道真，但同时也是保佑恋爱运的知名神社。当地人通常会称菅原道真为“北野的天神大人”，之后正式被封为“北野天满宫天神”，也成为代代相传的灵验神明，当地居民都会到此祈求神明保佑。虽然许多民众是来此祈求学业顺利，但不少人也会选择到此举办神道仪式的婚礼，接受众人以及北野天满宫的天神之祝福。

图片提供 / Richard, enjoy my life!

哪里玩

址 京都市上京区马町 电 075-461-0005 时 4月～9月05:00～18:00；10月～3月05:30～17:30 网 http://kitanotenmangu.or.jp/ 交 京福电铁“白梅町”站步行5分钟

景点7 贵船神社

贵船神社位于左京区内，是绘马发源处，是著名的“恋爱之宫”以及“水之宫庙”，这是源自于平安时代诗人和泉式部会到贵船神社参拜，祈求恋情顺利，最后也成功地和产生问题的夫婿和好如初，让此处成为祈求恋爱的重要寺院。另外，由于神社内主要供奉水神，过去民众会到此祈雨，而现代从事餐饮业等会用到水的民众也会到此祈求事业顺利。贵船神社内还有项特殊的“水签诗”，民众购买签诗后，将原本空白的签诗纸放到院内的“水占斋庭”之冷泉上，纸上便会渐渐浮现出签诗内容，据说相当准确。

图片提供／Norio.NAKAYAMA

图片提供／Norio.NAKAYAMA

哪里玩

址 京都市左京区鞍马贵船町180 电 075-741-2016 网 http://kifunejinja.jp/ 交 搭乘睿山电车至“贵船口站前”转乘京都市巴士33号至“贵船”即达

图片提供／cyesuta

景点8 伏见稻荷大社

伏见稻荷大社主要供奉稻荷神，也就是主掌农业及商业的神明。由于香火鼎盛，江户时代开始便有许多民众为了还愿，在神社建造红色鸟居，渐渐演变成此处的习惯，无论是公司行号或是个人等，只要祈求的愿望成真就会在此竖立鸟居，也让伏见稻荷大社拥有1000座以上的鸟居，被称为“千本鸟居”。游客到此穿越一座座朱红色的鸟居，正好可见证此处的灵验实绩。整座伏见稻荷大社除可祈求五谷丰收，还可保佑生意兴隆、万病痊愈、安产、学业顺利等，适合各行各业前往祭拜。

哪里玩

址 京都市伏见区深草薮之内町68番地 电 075-641-7331 网 http://inari.jp/ 交 JR奈良线“稻荷”站步行1分钟

Tip! 神社参拜礼仪介绍

每间神社虽然都有各自的规矩，但大致都和以下步骤相似：

1. 经过鸟居时先行礼。
2. 至“手水舍”洗手并漱口。而洗手也有其顺序，通常是先以右手拿勺洗左手，再换左手拿勺洗右手，最后再用右手拿勺盛水至左手后漱口。有些神社为节省水资源会省略漱口步骤，可参照该神社内手水舍之说明，再行参拜之礼。
3. 在正殿前将香油钱捐入“赛钱箱”，再行二行礼、二拍手、一行礼，并诚心祈求。
4. 最后离开神社鸟居时再行一次礼即可。

北海道神宫虽然不是京都寺院，但网页有详细的中文说明可供参考：http://www.hokkaidojingu.or.jp/china/etique/

4 NHK大河剧在京都

NHK 每年都有一部大河剧播出，每周一集，总共会播出约 50 集，也就是延续一整年的戏剧。大河剧会选择一位日本历史上的人物拍摄其生平故事，并帮助日本民众认识历史。由于卡司往往是一时之选，加上精致、严谨的拍摄，让大河剧成为认识日本历史的一大帮手。对于日本历史人物相关史事均有详细刻画，在每集最后都会有“大河纪行”，对照当集历史事件发生的现今地点，寓教于乐。而京都贵为日本千年古都，有许多历史故事诞生于此，除了大河剧外，也有许多文学故事发源于此。

景点1 源氏物语——风俗博物馆

《源氏物语》为日本平安时代才女作家紫式部的旷世巨作，是世界上最早的长篇小说，主要叙述主角光源氏与不同女性间的恋情，书中也呈现平安时代贵族的生活，历史和文学价值相当大。而其中主角在京都曾拥有的六条院景观，在风俗博物馆中用模型完整呈现，馆内还陈列出故事中的平安时代风格，让人置身于华美的平安贵族生活中，实际体验《源氏物语》的情境。

哪里玩

址 京都市下京区新花屋町通堀川东入る(井筒法衣店5楼) 电 075-342-5345 时 09:00～17:00(每周日及例假日公休) 票 500日元 网 http://www.iz2.or.jp/ 交 搭乘京都市巴士9号至“西本愿寺前”步行3分钟

景点2 织田信长——本能寺

织田信长是日本战国时代一大战将，但他身边最重要的亲信明智光秀却在1582年发动政变，攻入当时织田信长身处的本能寺，信长就此困入大火之中，并自杀了结自己生命。而这段故事在1992年被拍摄成《信长》，在《江·公主们的战国》等大河剧中也多有着墨。虽然现在的本能寺曾经过迁移及重建，但织田信长并未葬在此处。

哪里玩

址 京都市中京区寺町通御池下ル下本能寺前町522 时 07:00～17:00 交 地铁东西线“京都市役所前”站步行1分钟

景点3 秀吉——智积院·养源院·方广寺·丰国神社

织田信长死后，明智光秀并没有掌权多久，就被织田信长的昔日部属丰臣秀吉趁势崛起。丰臣秀吉曾在唯一子嗣夭折时兴建祥云寺，但在秀吉死后被废除，土地及建筑全赐予智积院。而养源院则是丰臣秀吉的爱妾建造来供奉其父浅井长政的。方广寺则为秀吉建造来安置大佛用，但未建造完成秀吉便死亡，德川家康也依此寺庙中钟上铸的字眼为由攻打丰臣秀吉人马。另外，丰国神社则是祭祀丰臣秀吉的神社，在德川幕府时期曾刻意想毁坏此座神社，在明治时期才再兴建完成。这些故事在1996年被改拍成大河剧，曾创下20世纪90年代大河剧最高收视率。

哪里玩

智积院 址 京都市东山区东大路通七条下ル东瓦町964番地 电 075-541-5361 网 http://www.chisan.or.jp/sohonzan/ 养源院 址 京都市东山区三十三间堂回り町 电 075-561-3887 方广寺 址 京都市东山区大和大路通七条上ル茶屋町527-2 丰国神社 址 京都市东山区大和大路正面茶屋町 电 075-561-3802 时 09:00～16:30 网 http://www.apsara.ne.jp/houkoku/ 交 地铁京阪本线至“七条”站步行10分钟

图片提供／ikumic

景点4 葵·德川三代——二条城

《葵·德川三代》是2000年的大河剧，从关原合战开始描写德川前三代将军家康、秀忠以及家光的故事，而德川家康当初灭掉丰臣秀吉等各路人马，正式在东京成立江户幕府，开启200多年的江户时期，并奠定日本国家基础。二条城则是德川家康所兴建，目的在让德川家康到京都时住宿用，而在德川家光之后，二条城正式建造完成，并成为幕府将军在京都的行馆。而最后一代将军德川庆喜也在此宣告大政奉还，二条城在日本的历史舞台上是不可或缺的重要地点。

哪里玩

址 京都市中京区二条通堀川西入二条城町541 电 075-841-0096 时 08:45～16:00(1月、7月、8月、12月时每周二休城) 网 http://www.city.kyoto.jp/bunshi/nijojo/ 交 地铁“二条城前”站步行1分钟

景点5 新选组——灵山历史馆

2004年在日本播出的《新选组》，是由当红偶像香取慎吾主演，主要描述江户幕府末期，各方势力人马辈出，支持维新开国、尊王攘夷、独尊幕府等派别在日本各地引发一连串的冲突及暗杀等事件，京都在当时因地理位置及其在日本政治的重要性，就成为最常发生这些事件的地区。其中新选组则是一个亲近幕府的武士组织，支持尊王攘夷，并在京都祇园一带维持当地治安。若想了解相关资讯，不妨到灵山历史馆，亲眼见证当时的历史文物，感受幕末时期的动荡气息。

哪里玩

址 京都市东山区清闲寺灵山町1 电 075-531-3773 时 10:00～16:30(每周一休馆) 网 http://www.ryozen-museum.or.jp/ 交 搭乘京都市巴士206、207号至“东山安井”站步行7分钟

景点6 义经——鞍马寺

图片提供／Kiwi He

《义经》是在2005年播出的大河剧，由戏剧小生泷泽秀明主演，主要描述源义经的故事。故事背景在平安时代，源义经的父亲源义朝在平治之乱中败给平清盛，义经便在7岁时被送到鞍马寺，长大后并辅佐其兄源赖朝建立镰仓幕府，但却被兄长逼上绝路，最后自杀了结性命。义经是日本历史上相当重要的人物，加上被塑造成悲剧英雄的特色，让日本民众对其相当欣赏。义经少时学习的鞍马寺就位于洛北，还曾传说当时有天狗会陪他练功，吸引不少人前来朝圣。

哪里玩

址 京都市左京区鞍马本町1074 电 075-741-2003 时 09:00～16:30 交 搭乘睿山电车睿山鞍马线至“鞍马”站即达

图片提供／e_s_jp

景点7 龙马传——灵山护国神社、龙马墓、寺田屋

坂本龙马是日本幕府时期的维新志士，他出身土佐藩(现今高知县)，却与京都有不解之缘，因为他两次被暗杀的地点都在京都。当时坂本龙马不断游走于日本各地，希望达到对抗幕府并支持天皇改革的目标，也因此让他成为不少人的眼中钉，而寺田屋旅馆，就是他第一次被暗杀的地点，虽然龙马躲过这次暗杀，却在隔年死于京都的近江屋。而他和当时的维新志士们也都长眠在灵山护国神社内。2010年福山雅治主演的《龙马传》也吸引不少人前来这些地方缅怀龙马的故事。

图片提供／Yasuo Kida

哪里玩

灵山护国神社 址 京都市东山区清闲寺灵山町1 电 075-561-7124 时 09:00～17:00(冬季开放至16:30) 网 http://www.gokoku.or.jp/ 交 搭乘京都市巴士206、207号至“东山安井”站步行7分钟 **寺田屋** 址 京都市伏见区南町263 电 075-622-0243 时 10:00～15:40(每年新历年间休馆) 费 400日元 交 京阪电车“中书岛”站步行8分钟

景点8 平清盛——八坂神社

2012年由松山研一主演的《平清盛》，描述日本平安时代末期的故事，主要呈现出平氏一族的兴衰历史。其中八坂神社原名为“祇园感神院”，因明治时期实施佛教与神道教分离的政策，便改名为八坂神社。神社内有座“忠盛灯笼”，是描述平清盛之父的英勇事迹。至于平清盛本人也和八坂神社有相当深的渊源，在1147年此处所举办的祭典期间，平清盛正想跳起田乐歌舞时，家臣却和神社引起争执，最后也引发成一场动乱，称为“祇园乱事件”。因此八坂神社除了与著名的祇园祭有关，也是平清盛故事中一大场景。

哪里玩

址 京都市东山区祇园町北侧625 网 http://web.kyoto-inet.or.jp/org/yasaka/ 交 京阪电车至“祇园四条”站步行10分钟

景点9 八重之樱——同志社大学、东本愿寺、金戒光明寺

2013年播出，由绫濑遥主演的大河剧《八重之樱》，主角川崎八重出身会津藩，从小就相当活泼外向，并立志学习枪炮等女子不能从事的技术，之后嫁给会津的教育家新岛襄，并协助其创建京都著名的同志社大学。另外，故事中人物一桥庆喜，也就是未来的德川庆喜在上京时住宿的地点东本愿寺也拥有许多出场机会。而因此部戏剧的高收视率，让京都政府决定限定期间开放金戒光明寺的馆藏，包括当初八重亲手书写的和歌真迹及相关剧中场景介绍。

图片提供／Kyoto-Picture

哪里玩

同志社大学 今出川校园 址 京都市上京区今出川通乌丸东入 电 075-251-3120 网 https://www.doshisha.ac.jp/ 交 地铁乌丸线“今出川”站步行1分钟 **东本愿寺** 址 京都市下京区乌丸通七条上ル 电 075-371-9181 时 开放时间依季节而异，请参照官网说明 网 http://www.higashihonganji.or.jp/ 交 地铁乌丸站“五条”站步行5分钟 **金戒光明寺** 址 京都市左京区黑谷町121 时 10:00～16:00(各设施开放时间依季节而异，请参考官网说明) 网 http://www.kurodani.jp/ 交 搭乘市巴士100号至“冈崎道”站步行10分钟

5 必看祭典

京都历史悠久，境内也有不少节庆活动举办，重现以前王公贵族的原貌，一年四季热闹非凡的祭典，让京都无时无刻不充满各种乐趣。而京都的祭典规模相当大，还有不少属于日本著名的大祭典，例如京都三大祭，来参观的人数年年增加，也让活动越来越热闹。规划行程时不妨先调查看看是否有机会参加到祭典，若有请务必前往体验。

祭典1 大原女祭 4月中~5月中

大原位于洛北地区，一直以来都是恬静、与世无争的地区。以往大原的女性会在山间捡拾木柴，并穿上蓝色传统服饰，到京都的市街沿路叫卖，清纯可人的模样让京都市区民众相当向往。现今到大原的游客都可付费租借大原女服装，但在每年新绿之际，大原女祭期间可免费体验服饰及装扮，并经过事先预约，也可以参加祭典活动。祭典最大重头戏就是多位打扮成各时代大原女的女性之“大原女行列”，浩大队伍会从胜林院延续至寂光院间的2公里长路上。2013年已迈入第34届的大原女祭，参加民众年年增加，游客不妨在祭典期间免费体验大原女装扮，并与当地居民同乐。

哪里玩

址 京都市左京区大原胜林院町 时 每年4月中~5月中，可参照官网说明 网 http://www.kyoto-ohara-kankouhosyoukai.net/index.html
交 于京都站搭乘市巴士17、18号至“大原”站

祭典2 鸭川纳凉床 5月1日~9月30日

图片提供／lightstars

鸭川纳凉床起源于江户时代，当时在丰臣秀吉所建造的三条、五条桥间的河岸有不少贩售商品的小贩，较富裕的商人便在此设起座位，并开设茶屋等店铺，让许多游客可在此饮酒作乐，相当热闹。但昭和时期，政府禁止架设永久性的纳凉床，仅能临时架设，因此还有相关的法律规定纳凉床的放置日期及相关规范。到了现在，每年夏季众人都相当期盼沿岸店家架设的纳凉床，若在炎炎夏日到纳凉床享用美味餐点，欣赏河岸风光，相当宜人。尤其现在鸭川右岸店家林立，无论日式、美式、欧式等各式餐厅都有，选择多端，因此夏季时在纳凉床一带仿佛联合国般，可看到各国游客在此休闲放松。

图片提供／Ted Chi

哪里玩

址 京都市鸭川右岸(二条大桥至五条大桥间) 时 5月1日~9月30日 网 http://www.kyoto-yuka.com/index.html 交 电车京阪本线“四条”站步行3分钟

祭典3 葵祭 5月15日

图片提供／Conveyor belt sushi

葵祭由上贺茂神社与下鸭神社共同举办，原名为贺茂祭，祭典起源是来自于过去太古别雷神曾降临在神社西北方的神山，当时民众为庆贺及祭祀神明，便依照神明指令使用葵花及葵叶装饰祭祀用品并举办游行，因而有葵祭之称。之后此活动渐渐扩大规模，是平安时代中期以来的国家重要活动，至今已成为京都三大祭典之一，是京都人相当期盼的一大活动。祭典期间，所有参与者都会穿着平安时期的服饰，并举办包括骑马、舞蹈等忠实呈现平安时期情形的活动。游行队伍从京都御所出发，经下鸭神社，也就是贺茂御祖神社，最后抵达上贺茂神社，总路程约8公里。

哪里玩

址 京都市北区上贺茂本山339 电 075-781-0011 时 5月15日 网 http://www.kyokanko.or.jp/aoi/index.html 交 搭乘4、9、32、34、35、36、37号公车至“上贺茂神社前”即达

祭典4 祇园祭 7月1日～7月29日

在869年左右，京都正流行一场大规模的瘟疫，当时人心惶惶，动荡不安，因此八坂神社便着手举办祇园祭，为的就是赶走恶灵，祈求京都所有民众平安无事，并安定人心。整个祇园祭举办期间长达一个月，期间有不少大大小小的仪式及活动，但最重要的，就是7月16日的宵山以及7月17日的山鉾巡行活动。宵山指的是16日傍晚开始在京都主要街道，会展示一台台装饰树枝的山车以及装饰刀的鉾车。整个夜晚游客可以欣赏华丽的山车和鉾车，并闲逛路边摊贩。到了17日，就是祭典最高潮的山鉾巡行，早上9点开始约3小时的游行活动，所到之处挤满民众，争相观赏各有特色的队伍及表演，非常热闹。

图片提供／y_uno

图片提供／y_uno

哪里玩

址 京都市东山区祇园町北侧625 时 7月1日～7月29日 网 http://web.kyoto-inet.or.jp/org/yasaka/news/index.html 交 京阪电车至“祇园四条”站步行10分钟

祭典5 五山送火 8月16日

五山送火的起源众说纷纭，最常听到的是结合盂兰盆节，也就是中元节时之送火活动，目的是为将死者的幽灵送到冥界，并祈求在世之人的平安。而五山送火就是在京都盆地周遭的五座山之半山腰上，分别用火点出巨大文字，每座山的文字都不相同。五大文字及最佳观赏地点分别为：大文字山的“大”字于鸭川河堤观赏；西山及东山的“妙”、“法”两字于北山通及高野川河堤；船山的船形图样于北大通；左大文字山的“左大文字”于西大路通，曼陀罗山的鸟居形图样则在松尾桥观赏最佳。在大文字施放期间，将火光倒映在酒或水中并饮入还可保平安。

图片提供／sprklg

哪里玩

址 最佳观看地会依各文字的施放地点而异，可参考官网说明 时 8月16日，各文字施放时间请参照官网说明 网 http://www.kyokanko.or.jp/okuribi/

祭典 6 时代祭 10月22日

时代祭为京都三大祭典之一，起源于1895年，为纪念平安神宫的创建以及迁都平安京1100周年而举办，只有第一年是在10月25日举行，之后都在桓武天王迁都平安京的当天，也就是“京都的生日”之10月22日举办。时代祭主题在于展现京都每个时代的历史，游行队伍会走遍京都主要街道再回到平安神宫，仿佛是场盛大的古装游行活动，参与人数超过2000人，约4.5公里长的道路，历时约3小时举办游行。队伍的时代会从明治维新开始，依序倒退，除了服饰讲究，连祭祀用品及展出用品都仔细呈现出京都传统风格，华丽的队伍让人相当陶醉。若不喜欢在拥挤人潮中，还可事先购买座位轻松观赏。

哪里玩

址 京都市左京区冈崎西天王町 时 10月22日，详细活动时间请参照官网说明 网 http://www.heianjingu.or.jp/index.html 交 地铁“东山”站步行10分钟

祭典 7 岚山红叶祭 11月第二个周日

岚山是京都著名的赏枫胜地，而在每年枫红时刻，岚山也会举办一年一度的红叶祭，起初是为了歌颂岚山的红叶之美，并感谢守护岚山的神明而举办。每年11月第二个周日，从上午开始便会举办热闹的活动，包括嵯峨大念佛狂言船、东映太秦映画村船等许多船只的游河活动，每艘船上都会有不同表演举行，介绍许多日本传统特色并表演能剧的舞蹈、音乐等。游客可一边欣赏枫红美景，并悠闲观赏每艘船只的表演，让人在欣赏美景之余，也能享受日本传统之美，以及彻底了解岚山的历史。

图片提供／Marufish

图片提供／orange_kuma

哪里玩

址 岚山·渡月桥一带 电 075-861-0012 时 11月第二个周日，遇雨则取消 网 http://www.joho-kyoto.or.jp/~retail/akinai/maturi/maturi_arashiyama.html 交 京福电铁“岚山”站步行约10分钟

古都风情体验

穿越时光之门

1.艺伎变身

到日本旅行，不少游客都喜欢换上和服，体验一下当日本人的感觉，特别是女性穿上花纹美丽的和服，走起路来风姿绰约，再拍照留下倩影，绝对是旅途中的美好回忆。至于在夏天，由于天气炎热，通常就是换上浴衣，脚踩着木屐，在古老的街道上行走，也很有情调。京都有许多提供和服体验的店家，不妨再到石坂道走走，展现京都艺伎的婀娜。提供上百种服饰和小物可供挑选，含木屐、包包、头发发饰。租借时间为10:00~16:00，有专人帮忙换装，换衣约20分钟。

哪里试

舞香 址 京都市东山区四条下ル宫川筋4丁目297 电 075-551-1661 时 09:00~19:00，电话预约。(预约时间07: 00~22:00) 网 http://www.maica.tv/

图片提供／np&djjewell

2.大原女变身

大原位于京都北部，昔日就如同化外之地，当地的居民生活相当辛苦，有许多女孩的工作是卖柴，她们经常身穿蓝衣、头裹白巾，头上顶着柴薪，不辞辛劳地走到外地叫卖。现在的大原女当然不必这么辛苦了，不过，为了制造观光的话题，每年5月，大原都会举行为期两周的大原女祭典，参加者可以免费体验大原女变身，拍照留念，绝对会是难忘的体验。

哪里试

大原观光保胜会 址 京都左京区大原来迎院町(大原巴士站南侧) 电 075-744-2148 时 10:00~14:00，五月大原女祭典时10:00~16:00，周日、假日休，遇雨亦暂停 费 2000日元(电话预约制)

3.重返江户时代

图片提供／zynke

京都的太秦，过去有“日本好莱坞”之称，当时许多电影都在这里拍摄，因此搭建了许多江户时代与明治时代的街道、武家屋敷、日本桥、吉原花街等布景，后来发展为东映太秦映画村，除了提供给制片公司拍戏，也开放给一般民众参观，参观者除了体验行走在古色古香的布景中，还可以装扮成时代剧里的人物，比方说，艺伎、武士或是忍者，感受一下回到古代的滋味。

哪里试

址 京都市右京区太秦东蜂冈町10 电 075-864-7716 时 3月~11月为9:00~17:00；12月~2月9:30~16:00 网 http://www.toei- eigamura.com 费 成人：2200日元；国高中生1400日元；儿童1100日元 交 JR“太秦”站，徒步5分钟、“花园”站徒步13分钟；京福电车“岚电太秦广隆寺”站，徒步5分钟；市巴士75、91、93系统，在“太秦映画村道”下车；京都巴士61、62、63系统，在“太秦映画村前”下车

4.先斗町歌舞练场

京都有好几个代表性的日本舞，每年轮流在不同季节演出，先斗町是以鸭川舞著称。呼应着鸭川的纳凉床，鸭川舞在每年初夏的5月1日至24日公演，地点就在先斗町巷内的先斗町歌舞练场，每场演出75分钟。鸭川舞无论舞台布景或舞伎们的服装都以艳丽取胜，从明治初期初次演出以来，一直很受欢迎，是京都初夏的盛事之一。

哪里试

址 京都市中京区先斗町通三条下ル桥下町130 时 公演日：5/1~5/24，每日12:30、14:20、16:10 票 2000~4300日元 网 http://www1.odn.ne.jp/~adw58490 交 地下铁东西线“三条京阪”站徒步5分钟

5.祇园艺场

京都可说是集合了最多日本传统艺能的精华，因此来到京都的观光客除了看古迹、吃美食，更希望能一睹这些日本文化传统。祇园艺场就是一处针对观光客的表演场馆，节目结合7种日本传统艺能，包括京舞、狂言、雅乐、文乐等。由于舞伎、艺伎是京都最特殊的景观，祇园艺场在入口处还布置了一个迷你的舞伎博物馆，展出舞伎的头饰。更让人好奇围观的是这里的京都舞伎、艺伎大看板，盛装打扮的舞伎与艺伎的照片一字排开，让人大开眼界。

哪里试

址 京都市东山区花见小路通四条下ル（弥荣会馆内）电 075-561-1119 时 19:40、20:40（每场1小时）网 http://www.kyoto-gioncorner.com/performance 票 3150日元 交 京阪“祇园四条”徒步5分钟，或搭乘80、100、202、206、207号公交车在“东山安井”下车，徒步5分钟

6.祇园甲部歌舞练场

位于祇园的甲部歌舞练场，是京都每年春季大事“都舞”的公演场地。都舞每年固定在4月份公演1个月，这段期间也正好是樱花季节，灿美的樱花与柔艳的舞伎，交织成京都最令人迷恋的春景。

哪里试

址 京都市东山区花见小路四条下ル 电 075-561-1115、075-541-3391 时 4/1~4/30，1日4场 网 http://www.miyako-odori.jp 票 4500（含开演前茶席）、4000、2000日元 交 京阪“祇园四条”徒步5分钟，或搭乘80、100、202、206、207号公交车在“东山安井”下车，徒步5分钟

7.南座

南座是专门演出日本歌舞伎的剧院，雄立在鸭川畔，非常醒目，南座斜对面的四条大桥桥头还有日本歌舞伎始祖“出云阿国”的立像。歌舞伎已有400年的历史，虽然源出于当时的民间舞蹈，但时至今日已成为一门非常高深的艺术，歌舞伎演员在日本也享有非常高的社会地位。每年12月，京都南座都会有固定的年终盛大公演，称为“颜见世”，其他时日则不定期公演。

哪里试

址 京都市东山区四条大桥东诘 网 http://www.shochiku.co.jp/play/minamiza 票 5000日元起 交 京阪“祇园四条”下车即达，或搭乘31、46、80、201、203、207号公交车在“四条京阪前”下车

京町家店铺

传统古民宅再生

1.Second house东洞院店

Second house于1977年由ZAC餐饮集团创立，ZAC餐饮集团旗下除了Second house外，尚有使用日本小麦制作的蛋糕工房、町家创作料理、法国料理等16家餐厅，还有陶器展示销售及料理教室，分布在京都、滋贺及奈良。其中Second house在京都有4家分店，主要是以意大利面及手工蛋糕为卖点。东洞院店由明治时期的老建筑改造而成，1楼是町家风格的蛋糕屋和咖啡厅，路过就可以看到店内厨房正忙着制作蛋糕的情形，西洋点心的制作过程与传统日式建筑的外观形成趣味性的对比。2楼是法式餐厅。有着面对公园的绝佳地利，最适合悠闲品味下午茶，加上店内的空间感与高水准甜点，因此经常高朋满座。

DATA 址 京都市中京区东洞院通蛸药师上ル御射山町283 电 075-231-1717 时 10:00~22:30 网 http://www.secondhouse.co.jp 交 地下铁乌丸线"乌丸"站步行2分钟即抵

2.晦庵 河道屋

这间17世纪时创业，已有300多年历史的老店，以荞麦面及芳香炉火锅闻名，深受观光客的欢迎。店里店外都是非常传统的日式和风，一进门，店内山形天井及旧式的坐席，立刻让人感受到京都的风情。来到百年荞麦面老店，各式荞麦面当然非尝不可，晦庵 河道屋的餐点价格十分平易近人，面条滑溜、鸭肉鲜嫩的鸭肉荞麦面不到1000日元就可品尝，十分超值。店内另一个招牌"芳香炉"火锅很像炭火火锅，不过现在已不用炭，而是改用电了。本店的另一个卖点是客席临着中庭，可一边欣赏日式庭园一边用餐，悠闲惬意。

DATA 址 京都市中京区麸屋町通三条上ル 电 075-221-2525 时 11:00~20:00，每周四休 网 http://www.kawamichiya.co.jp 交 地下铁乌丸线京都"市役所前"站步行5分钟即抵

3.INODA咖啡

京都最具代表性的咖啡馆，已有70年以上的历史。2002年自家的培煎工厂完成，可供应自制高品质咖啡。除此之外，特制搭配咖啡食用的点心也十分知名。如今店内依然保留着开业当时的设计，1楼还有日式庭园，2楼则为禁烟席，十分贴心。

DATA 址 京都市中京区町通三条下ル道祐町140 电 075-221-0507 时 07:00~20:00 网 http://www.inoda-coffee.co.jp 交 地下铁乌丸线、东西线“乌丸御池”站步行10分钟即抵

4.丁子屋

“丁子屋”的主力产品为和风家具与工艺杂货，不过更吸引人的是它的空间。这是一家典型的京町家商店，建筑具有130年历史，迷人的老屋氛围让“丁子屋”的商品更添风味。

DATA 址 京都市中京区二条通麸屋町东入丁子屋町683 电 075-213-6200 时 11:00~18:00，每周一休 交 地下铁乌丸线“丸太町前”站步行10分钟即抵

5.石黑香铺

1855年创业，至今已传承5代，是全国唯一的香包专门店(にほひ袋)。身为老店，固守日本传统产业之余，也不忘创新，如今店内贩售以友禅布、西阵织或千代纸制成的各种华丽香包，手机吊饰等有花图案、天干地支或动物等图腾，精美小巧、香气缭绕的京风小物，价格从数百至上万日元不等，是许多名人爱用的饰品，连秋筱宫纪子妃也曾前来光顾。

除了除身携带的香包外，还有摆设在室内用的芳香饰品(置き香)及吊挂饰品(吊り香)，还开发有香味的大蒲扇、风铃、防蚊香。香的种类有一般香、特制香、极品香及白檀香，由店内专业职人特调的10种天然香木制成，是相当独特的京都礼品。

DATA 址 中京区三条通柳马场西入 电 075-221-1781 时 10:00~19:00，每周三休 网 http://www.ishiguro-kouho.com 交 地下铁乌丸线、东西线“乌丸御池”站步行10分钟即抵

特色小路

精致短程的散步道

1.花见小路

花见小路是祇园的象征，一家家的茶屋（艺伎们工作的地方）与置屋（艺伎的住处），形成一种特殊的日本花街印象。基本上，由于茶屋不接待陌生客人（要进入茶屋，必须有介绍信），加上花费很高，一般人不得其门而入，因此使得花见小路总是笼罩着浓浓的神秘感。不过，随着时代与环境的变化，如今的花见小路巷内已有较平价的餐厅，甚至还有打着舞伎招牌的咖啡馆。

DATA 交 京阪电车“祇园四条”下车徒步5分钟，或搭乘31、46、80、201、203、207号公交车在“四条京阪前”下车徒步5分钟

2.宁宁之道

丰臣秀吉的正妻“北政所”小名“宁宁”（ねね），因此连接高台寺跟円山公园的石板道路，称为“宁宁之道”，是一条据说由2500块石板铺陈的散步道。为了美观起见，宁宁之道的宽度无法让车子通过，连电线也是埋在地底下，因此周围不见电线杆。这一带由于是观光区，因此有不少土产店，知名的抹茶甜点专卖店“茶寮都路里”的高台寺分店，也在这一带。

图片提供 / Carles Tomás Martí

DATA 交 搭乘46、100、201、202、203、206、207号公交车在“清水道”或“五条坂”下车，徒步15分钟

3.二年坂、三年坂

在日文中，“坂”就代表坡，清水寺附近有知名的二年坂、三年坂。前者建于大同二年（807年），长约200米，共17阶；后者建于大同三年（808年），共46阶，过去曾是通往祈求平安生产的泰安寺，而日文中的“三年”念起来跟“产宁”相近，因此又称“产宁坂”。据说若是在三年坂跌倒，3年内就会送命，因为未有事实证明，应该只是道听途说。从高台寺沿着二年坂、三年坂，到清水寺，沿路都是土产店、甜品店，或是卖清水烧的陶艺小店，深受游客喜爱，虽然不算长，但是若是要认真逛起来，恐怕也要耗去不少时间。

DATA 址 地下铁东西线“东山”站2号出口，徒步约25分钟

图片提供/Kyoto-Picture

4.哲学之道

哲学之道连接银阁寺和南禅寺，全长约1500米，本身其实是一条水道贯穿的步道，风景虽然怡人，不过因为曾经是京都哲学家西田几多郎平时散步沉思的小径，人文气质因此变得更为浓厚，被选入日本百大名道之一。哲学之道四季皆美，不过，最美的季节在春天，由于水道两侧遍植樱树；樱花盛开时，粉色花朵串连成云，相当美丽，若遇到樱吹雪时，又是一番凄美气氛。

DATA 址 市巴士5、17、93、102、203、204号系统，在“银阁寺道”下车，徒步5分钟

5.石塀小路

走在宁宁之道上，会发现途中岔出一条小路，顺着这条小路走，就会走进民宅间，在入口处你会看到一个小小的灯台，写着“石塀小路”，这就是小路的名字。相较于宁宁之路，石塀小路更为幽静，更有种走进时光迷宫的感觉。每年3月初，京都会在东山花灯路，清水寺、高台寺附近的石塀小路上，放起一盏盏灯笼，漫步在光影交映的宁宁之道和石塀小路上，别有一番滋味。

DATA 址 市巴士46、100、201、202、203、206、207系统在“清水道”或“五条坂”下车，徒步15分钟

6.清水坂

清水坂是东大路通以东、八坂通以南往清水寺方向的石坂参道，位于清水寺门前1丁目到5丁目之间的街区，地名是因清水寺境内的音羽瀑布的清泉而来。平安时代初期年间(782—806年)清水寺建立以来，聚集相当多信众前往参拜。清水坂是洛中有名的参拜道路，与稍微南边的五条坂、北边的八坂通及三年坂，都是相当热闹的石坂道。

图片提供/lightstars

DATA 址 市巴士100、206系统在“五条坂”下车，徒步10分钟

艺术殿堂

精致淬炼的美感

1.京都国立博物馆

地处三十三间堂附近的京都国立博物馆，历史相当悠久，于1897年正式开幕，原本称为帝国京都博物馆，后来又改名为京都帝室博物馆，1952年改为京都国立博物馆，目前由国立文化财负责运作。由于创建已超过百年，文艺复兴式的红砖楼建筑显得古色古香，而丰富的收藏品，也让馆方得以企划出让人耳目一新的展览。展出主题通常跟京都有关，是京都迷不可错过的文化殿堂。

DATA 址 京都市东山区茶屋町527 电 075-525-2473 时 常设展09:30～18:00，周五～20:00，每周一休(遇假顺延) 票 常设展420日元，特别展则不定 网 http://www.kyohaku.go.jp 交 在京都车站前搭乘市巴士100、206、208系统，在“博物馆三十三间堂前”站下车；京阪电车“京阪七条”站下车徒步5分钟

2.京都文化博物馆

在京都，看美景、吃美食之余，如果还想多了解京都的传统文化，可以到京都文化博物馆来感受文化熏陶。该馆前身是日本银行京都分行，外观是明治时代盛行的洋风建筑，馆内从二楼到四楼有不同的展示室，进行不同主题的展览，过去展示过的主题包括了和服、绘画、工艺品，近年来也推动“京都府美术工艺新锐展”，打造年轻艺术家崛起的平台。

DATA 址 京都市中京区三条高仓 电 075-222-0888 时 常设展10:00～19:30，特别展10:00～18:00，最后入馆时间19:00，路地店铺10:00～20:30，每周一及新年假期休 票 常设展500日元，别馆除特别活动外免费 网 http://www.bunpaku.or.jp 交 地铁东西线乌丸线“乌丸御池”站下车徒步4分钟

3.京都艺术中心

由过去的明伦小学改装而成的京都艺术中心，有艺术家的工作室、展览室、资料室，也有表演空间，是一处充满艺术气息的地方。对游客来说，一楼的咖啡座，是极佳的歇脚处，气氛宁静幽雅。

DATA 址 京都市中京区室町通蛸药师下ル山伏山町546-2 电 075-213-1000 时 10:00～22:00 票 平日免费，公演或展览时则不定 网 http://www.kac.or.jp 交 地铁乌丸线“四条”站、阪急“乌丸”站下车徒步5分钟

4.京都国立近代美术馆

1963年开馆的京都国立近代美术馆，灰色花岗岩的外观充满了时尚感，以京都派的日本画以及日本关西一带的艺术家作品为收藏重点，目前已有超过8000件收藏品，版画、雕刻、陶艺等工艺品等著名特藏，随时都有不同主题的珍藏展及特展。馆内空间开放感十足，漫步其中，不但可感受艺术美感，亦有身心充分洗涤之效。

DATA 址 京都市左京区冈崎圆胜寺町 电 075-761-4111 时 09:30~17:00；每周一休息 票 常设展420日元，特别企画展则依各展览不同 网 http://www.momak.go.jp 交 地下铁东西线“东山”站，徒步7分钟；市巴士5、32、100系统在“京都会馆美术馆前”站下车

5.京都府立陶版名画庭园

这里是由日本一家专门制作瓷砖的企业赞助成立的，陶版上的名画有莫内、米开朗琪罗的作品以及中国的《清明上河图》等。除了这些烧在陶版上的名画，

京都府立陶版名画庭园更值得参观的是它的建筑。这座户外开放式庭园建筑的设计者，是赫赫有名的安藤忠雄，这位建筑大师将他所钟爱的清水模造魅力，在这儿发挥得更是淋漓尽致，令人赞叹不已。

DATA 址 京都市左京区下鸭半木町 电 075-724-2188 时 09:00~17:00，12/28~1/4休 票 100日元 网 http://www.kyoto-toban-hp.or.jp 交 地下铁乌丸线“北山”站下车即达

6.堂本印象美术馆

这里原是日本画家“堂本印象”设计来展示自己作品的美术馆，在他去世之后，将美术馆连同作品一同赠送给京都府。这座纯白色的浮雕建筑占地不大，但深具现代而大胆的构图，在古色古香的京都中相当醒目，可堪称是件艺术品。在一系列的庙宇巡礼之后到此一游，可以借此感受到截然不同的古都风韵。

DATA 址 京都市北区平野上柳町26-3 电 075-463-0007 时 09:30~17:00，周一公休（如遇假日则顺延一天）、12/28~1/4，换展时也会临时休馆 票 成人500日元 网 http://insho-domoto.com/ 交 乌丸线“北大路”站直通“北大路巴士中心”，转乘 101、204、205 号公车于“金阁寺道”下车，徒步约 25 分钟即抵；或在“金阁寺道”再转乘59号公交车于“堂本印象美术馆前”下车，下车即抵

7.京都市美术馆

完工于1934年的京都市美术馆，展览与收藏品的主题都环绕着“京都”，如“京美人”、“二条城障壁画”等。此外，由于京都市美术馆是全日本第二间公立美术馆，因此日本最著名的一些画展，像是日展、京展等，都是这间美术馆的镇馆展出。本馆由前田健二郎设计，2000年因应日益增加的展览，开设了别馆。

DATA 址 京都市左京区冈崎圆胜寺町124 电 075-771-4107 时 09:00~17:00；每周一、12/28~1/2休 票 视展览而定 网 http://www.city.kyoto.jp/bunshi/ kmma 交 地下铁东西线“东山”站下车徒步7分钟；市巴士5、32、100系统在“京都会馆美术馆前”站下车

京都活动行事历

1 月

1月1日～1月3日

初诣

地 八坂神社／下鸭神社／伏见稻荷大社

交 八坂神社：京阪电铁“祇园四条站”徒步7分钟
下鸭神社：京阪电铁“出町柳站”徒步10分钟。
伏见稻荷大社：JR奈良线“稻荷站”

图片提供／is_kyoto_jp

堪称京都神社代表的八坂神社在“大晦日”（12月31日）22:00到元旦凌晨，邻近的四条通会成为“行人专用步道”，三日间来参拜的人数多达100万；京都最古老的神社之一下鸭神社约有30万人参拜，在第四日还会有穿着平安时代贵族服装的“蹴鞠初め”仪式祈求天下太平、五谷丰收；京都的伏见稻荷大社是日本全国3万间稻荷神社的本宫，祭拜祈求五谷丰、商业繁盛、举家平安的神明最为有名，初诣期间约有250万人参拜。

2 月

2月2日～2月3日

节分祭

地 八坂神社

图片提供／Shadi Hijazi

京都市4个著名艺妓团体（先斗町歌舞会、宫川町歌舞、祇园甲部歌舞会、祇园东歌舞会）穿着华丽服饰在节分祭表演舞艺奉纳（取悦神明），并会进行撒豆仪式（福往内、鬼往外）。

2月第3周周六

京都车站大楼爬楼梯大赛

地 JR京都车站

从京都车站室町小路广场大阶梯一路往上爬，4人为1组、全员18岁以上及成员中至少1人为女性、至少1人为45岁以上作为团体竞赛组别，一口气爬上全长70米、171阶的阶梯，以全组4人全数到达终点后的合计时间作为优胜标准。

2月25日

北野天满宫梅花祭

地 京都府京都市上京区马町

交 JR“京都”站搭乘50、101系统巴士至“北野天满宫前”站下车

图片提供／malfet_

以北野天满宫御祭神菅原道真的忌日作为梅花祭，约有15万参拜者，神社内西广场会有艺伎、舞伎表演。

3 月

3月8日～3月17日

东山花灯路

地 京都府京都市东山区

交 JR“京都”站搭乘市巴士15分钟至“五条坂”站徒步10分钟可抵

东山山麓从青莲院到清水寺散步路线约5公里“灯与花之路”，沿途约2500座街灯，并展示有名的京都传统艺术品如“京烧·清水烧”、“京铭竹”（京都出产的竹制品）、“北山杉磨丸太”（北山杉做成的建筑用木头）及插花作品。

4 月

3月中旬～4月中旬

樱花祭

地 哲学之道(P024)／円山公园(P025)／二条城／仁和寺

交 二条城：地下铁东西线“二条城前”站徒步1分钟。
仁和寺：市巴士8、10、26、59系统至“御室仁和寺”站；京福电车“御室仁和寺”站徒步3分钟

京都的春天是樱吹雪的季节，在布满樱花的社寺或散步道中漫步分外能体验古都魅力。円山公园著名的是赏夜樱，二条城以400株山樱及八重红枝垂樱闻名，哲学之道是约有450株的樱花道，世界遗产仁和寺则有和歌中常出现的御室樱。

5月

5月1日～9月30日

鸭川纳凉床

地 鸭川
交 地下铁东西线“京都市役所前”站，往御池大桥徒步5分钟

鸭川上的“纳凉床”在夏季深受欢迎，所谓的“纳凉床”，指的是约100家沿河而立的餐厅，利用鸭川河道所架立的露天用餐棚，用餐时还可听到潺潺流水声，从江户时代就有这样的习惯，因此还有“京都夏天风物诗”的美称。

5月15日

葵祭

地 上贺茂神社／下鸭神社
交 上贺茂神社：市巴士4、9、37号系统至“上贺茂神社前”站
下鸭神社：京阪电车“出町柳”站徒步10分钟；市巴士1、4、25系统至“下鸭神社前”或“糺ノ森前”站徒步5分钟

葵祭是上贺茂神社及下鸭神社的例祭，缘起于567年，当时的钦明天皇为了向贺茂大神祈求风调雨顺、国泰民安，特别举行祭典仪式，由于巡游的人群和牛、马上，都以葵叶作为装饰，因此称为葵祭。

5月第3周周日

三船祭

地 岚山
交 JR嵯峨野线“岚山”站

在流经京都岚山的大堰川河上举行，中午12点神社仪式结束后，身穿古代衣装的人们便会走过渡月桥，搭上渡船。每年都会有大批观光客前来观赏20多艘船重现1000年前游河场景。

6月

6月1日

贵船祭

地 贵船神社
交 京阪电铁“出町柳站”搭乘睿山电车睿山鞍马线至“贵船口”站，再转乘京都巴士至“贵船”站徒步5分钟

贵船神社的例祭，从本宫到位于山上奥宫的神轿巡行大约2小时，迎接神轿后孩童们会绕行船形石祈求健康成长，之后会有“八岐大蛇（ヤマタノオロチ）退治”的出云神乐。八岐大蛇是日本神话中的生物，代表“洪水的化身”，打败它即是代表人类的胜利。

7月

7月1日～7月31日

祇园祭(P037)

地 京都府京都市四条通
交 地下铁乌丸线“四条站”或阪急电铁至“河原町”站或“乌丸”站

祇园祭是京都三大祭之一，各种大小仪式充满了整个7月。其中以7月16日的宵山，及7月17日举行的山鉾巡行，最受游客欢迎。山鉾巡行自上午9点起，由长刀鉾打头阵，共有32台山车与鉾车从四条乌丸出发，沿着四条通、河原町通转御池通，进行约3小时的盛大游行；每一台山车与鉾车都披上锦红绣金的华丽彩袍。宵山则是在山鉾巡行的前一天傍晚开始，京都市中心四条乌丸一带，在三条通、四条通、锦小路通、六角通等区域内，一台台已经装饰好的山车与鉾车尽情地在街头展示。

8月

8月9日

宇治川花火大会

地 京都府宇治市宇治塔川
交 京阪电铁宇治线“宇治”站；JR奈良线“宇治”站往东徒步10分钟

以源氏物语为舞台，紫式部的紫为基调起始，在天空中放映平安时代的优雅与壮大的声光竞演。

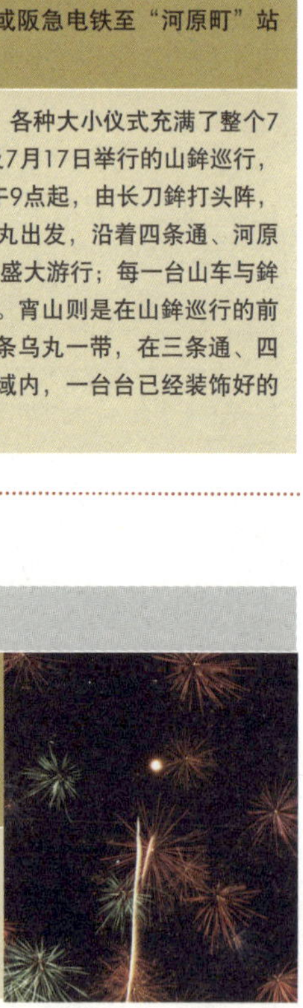

图片提供／hiyang.on.flickr

8月16日

五山送火(P037)

址 京都府京都市
交 JR“京都”站往市内各地

这是在环绕京都盆地群山的半山腰，用篝火描绘出巨大文字的活动，点火时间各山约30分钟。传说在这晚把大文字火光倒映到酒杯或水盆，再饮下里面的酒水，可去灾免病及避邪。

9月

9月15日

义经祭

址 鞍马寺
交 京阪电铁“出町柳”站转乘睿山电车睿山鞍马线至“鞍马”站

源义经是平安时代晚期的悲剧英雄，凭着高明的作战能力，协助兄长源赖朝，消灭了世仇平氏家族，最后却被哥哥逼上绝路。传说他少年时曾经在鞍马寺度过，而且还有天狗陪他练功，境内特别建有义经堂及义经祭祭祀他。

9月下旬

晴明祭

址 晴明神社
交 地下铁“乌丸今出川”站徒步12分钟；搭乘9、12号公交车至“一条戾桥·晴明神社前”；59号公交车至“堀川今出川”徒步2分钟

晴明神社祭祀的是日本平安时代的阴阳博士“安倍晴明”，晴明祭主要是提灯巡行及汤立神乐的奉纳仪式，还有少年鼓笛队的演奏及神轿巡行。

10月

10月22日

时代祭(P038)

址 京都市左京区冈崎西天王町
交 地下铁东西线“东山”站，徒步10分钟；市巴士5、32、100号公交车，至“京都会馆美术馆前”

时代祭自1895年起开始举行，主题展现京都千年以来每个时代的历史，祭典内容像一场超大型服装秀，将近2000人穿着各朝代的服装或是扮成各朝代代表性历史人物，游行于京都街头，最后会回到平安神宫内。

11月

11月上旬～12月上旬

红叶祭(P038)

址 南禅寺／永观堂／东福寺／常寂光寺
交 南禅寺：地铁东西线“蹴上”站徒步10分钟
永观堂：地铁东西线“蹴上”站1号出口，徒步12分钟；市巴士5系统至“南寺永堂道”站徒步3分钟
东福寺：JR奈良线／京阪电车“东福寺”站徒步10分钟
常寂光寺：岚电“岚山”站徒步20分钟

南禅寺和附近的永观堂是有名的红叶季节散步路线，身为净土宗西山禅林寺派总本山的永观堂，尤其是其三门周边的枫红，被歌舞伎中的石川五右卫门称之为“绝景”。东福寺中有座通天桥，桥下为洗玉涧，整个溪谷遍植枫树，到了深秋时节，视野所及，全是缤纷的红叶，十分壮观。常寂光寺建在在小仓山腰，是嵯峨野有名的赏枫名所，保留有许多南北朝时期的古建筑，与枫红相映媲美。

12月

12月11日～12月20日

岚山花灯路

址 岚山
交 JR嵯峨野线“岚山”站

12月份举行花灯路，在岚山地区天色渐暗后，路旁的2500盏方形纸罩座灯会一齐点亮，把野宫神社到大河内山庄的竹林、渡月桥及寺庙照耀得美不胜收。另外，许多寺院也会举行夜间参拜，此时还有各式表演及活动一一展开，热闹无比。

图片提供／Hyougushi

※本基本情报以2013年活动日期为准，详细活动时间请上官网查询。

七大步骤
顺利出国！

准备工作流程表

步骤1 收集情报

出发前，先从旅游书籍、网站、官方旅游局查询详细旅游情报，并了解在当地旅行的注意事项。▶详见P.052

步骤2 准备护照

护照是出国最重要的证件，已经过期、有效期限不足或是没有护照者，应该要提早办理，要亲自前往当地公安机关出入境管理处办理。▶详见P.057

步骤3 规划行程

对于旅游的地区有清楚的概念后，再来安排拜访的时间，并且依照天数、主题、区域与想参与的当地活动或祭典，进一步规划旅游行程。▶详见P.059

步骤4 购买机票

上网查询、比较各家航空公司和旅行社推出的优惠信息，及不同航空公司航班时间、淡旺季票价，才可以争取更多旅游的时间，并且省下花费。▶详见P.062

符号代表资讯 交 交通方式 网 相关网址 时 营业时间 票 参观门票 费 费用 址 详细地址 电 相关电话 注 备注事项

Chapter 2

彻底准备篇

步骤 5

准备旅费

京都物价比中国贵4~6成，了解当地货币、物价、汇率之余，食、衣、住、行怎样更省钱，将钱花在刀刃上，就能够避免不必要的浪费。

▸ 详见P.064

步骤 6

预订住宿

确定好出国的时间，以及预计停留的天数和地区，就可以提早挑选喜欢的饭店。订房时，除了通过网络订房，也可以通过旅行社代订，切勿到达当地才找饭店。

▸ 详见P.066

步骤 7

打包行李

京都四季分明，冬季虽然没有日本东北或北海道严寒，但也会有降雪情况，而夏季又常会出现30℃以上高温，因此在行李的准备上更需花心思整理。

▸ 详见P.070

收集情报

京都旅游Easy Go!

1 推荐网站

京都是日本无论国内外的旅客皆相当喜爱前往的旅游胜地，因此有许多中日文的资讯可供旅客行前参考。包括日本全国性的旅游介绍网站，以及京都当地政府所架设的网站、中国游客整理出的心得资讯等，资讯丰富、完整，在规划行程时不妨多方参考，搭配本书拟订最周全的计划。

京都府旅游网

http://www.pref.kyoto.jp/visitkyoto/cht/

由京都府商工劳动观光部观光课所经营的官方网站，主要提供旅客建构对京都的基本认识。网站内容主要分为认识京都、专题报导、主题导览、地方风情、FAQ问答集、美食和购物六大区块。因为是官方网站，故从历史、人文层面着手较多，资讯性和实用取向的内容较不足，若想查询详细的交通时间等无法提供协助，但对于在寺庙里的禁止行为、可提供体验的场所、府内所拥有的17处世界文化遗产等，陈列得较为详细，对于人文面旅游资讯的收集可提供协助。

Mapple旅行情报（日文）

http://www.mapple.net/

由昭文堂所经营的相关旅游网站，资讯量丰富，首页就以清楚的日本地图，指引网友找寻自己想去的地点，另搭配当地名产、观光路线、投宿地点、土产等的介绍，并可代订住宿、租车、飞机票等，达到以单一网站完成所有旅游安排的目的。以文字呈现的方式较多，不以视觉吸引力为主，但旅游地点的行政区域标示得很清楚，易于一层层翻找资讯，或是作跨区路线的安排。另网站有开放网友投稿，也可以看到其他人的照片集锦或是心得分享。

Kyoto MAGO no TE

http://www.kyoto-magonote.jp/ch/

由公益社团法人京都市观光协会经营，目的在向外国人推广京都旅游，网站所提供的语言版本，除了常见的日语、朝鲜语、汉语和英语外，还有法语页面。从导览、美食、娱乐、购物、体验的层面来介绍京都，搭配基本资讯面的入境、通货、交通、住宿、气候，和即时的货币汇率、当地天气报道和最新消息，一罗网尽京都的林林总总。值得推荐的还有分别于2月、5月、8月和11月出版的KYO' N电子版可下载，抢先浏览京都旅游快报，在规划行程时不可错过。

遛遛步（日文）

http://www.rurubu.com/

由日本当地的旅游业者JTB所经营，网站内容来自旗下所出版的旅游图书系列。该系列图书资讯量丰富、图文并茂、更新速度快，日本当地采访编辑，主题系列丰富，讲求资讯的正确与精准。结合JTB的优势，还可通过网站预订住宿、飞机票或租车等，甚至有互相搭配的优惠方案。若不想带书旅游，也可将资料下载到自己的手机或装置该站的APP，或以自己想去的路线，抓取周边的吃喝玩乐景点后，编辑成属于自己的旅游路线图，十分便利。

京都府观光导游

http://www.kyoto-kankou.or.jp/chinese_t/

由京都府观光联盟成立，提供四种语言版本，以希望吸引旅客。一进入首页，便有京都府主要的“丹后”、“丹波”、“京都市”、“山城”四大地区介绍，并有当地最新的气象预报。点入各地区后，提供当月和下个月的重要活动，有该活动的渊源和演变、举行的详细资讯和地图，以及收费状况、网站资讯等，也可针对照片、美食、住宿等栏位进行查询。在网站右方并有京都府的最新消息，例如TVBS“食尚玩家”到京都市进行拍摄等，可掌握当地最新概况。

JR西日本旅客铁道

http://www.westjr.co.jp/global/tc/

虽然京阪神地区被称作私铁王国，经营私铁的公司超过五家，且路线繁杂、竞争激烈，但关西地区属于JR西日本旅客铁道的营运范围，若想玩得顺畅、行程衔接顺利，还是不能不先上JR西日本旅客铁道的网站做功课。网站提供多国语言的版本，可检索起讫站的时刻表、票价等基本资讯，并对列车运行状况做即时报道。除了一般运行外，也提供旅游情报，有优惠车票种类的介绍与购买方式、最新套票内容等，以及以各种主题进行规划的旅游行程（例如亲子游）。

日本国家旅游局

http://www.welcome2japan.tw/

由日本国家旅游局（JNTO）所经营针对外国旅客的网站，希望通过系列推广活动，促进外国观光客到日本旅游，除了日本的总部外，还在海外设有多间办事处，在中国设有北京办事处。目标族群是外国人，设定了“行程安排”、“东瀛魅力”、“旅游攻略”和“深度日本”四大主题区域，力求在最短时间内达到最多的认识，若想更快速达到目的，建议直接点选右方的“特别推荐资讯”和“20处热门旅游胜地”。

携程旅行网

http://www.ctrip.com

该网站是中国领先的在线旅行服务网，向超过9000万会员或大量的非会员提供国内外集酒店预订、机票预订、度假预订、特惠商户、商旅管理及旅游资讯在内的全方位旅行服务。目前，每月酒店预订量达到3600万间夜，假日超市提供近千条度假线路，覆盖海内外众多目的地，客人可以选择从北京、上海、广州、深圳、杭州、成都等11个地区出发。目前，携程已占据中国在线旅游50%以上的市场份额。合作酒店超过了3.2万家，遍布全球138个国家和地区的5900余个城市。

京都慢慢观光（日文）

http://www.kyotokanko.co.jp/

网站以日文为主，另设有英文界面，主要介绍京都的旅游菁华，资讯量丰富且多元，除了当月的时令、活动、饮食和花种等，也有各式的观光情报，如京都观光地图、观光路线20选、庭园观赏、佛像观赏等，选项多达近30种，和其他旅游网站相比，整理了从以前到现在的京都面貌，提供和历史、小说、艺术创作等更多的链接，甚至还有教导旅客怎么观赏各寺庙的佛像，只可惜文字量过多，对无法阅读日文的旅客，在阅读时会较为费力，且资料量过多，果真需要慢慢地浏览。

Kyoto Perfect guide（日文）

http://www.kyotokanko.com/

画面简单大方，文字介绍搭配美丽的图片，让人在浏览时心情极佳，提供的资讯以京都观光、京都购物、京都见学旅行、京都二三事、季节net为主，各主题之下再以路线或店家进行介绍。和其他网站相比，阅读较轻松，且辅以图片说明，搭配地图，可以让旅客在规划时更有概念，比如是介绍京都赏枫的场景时，不仅有地点的历史介绍、基本资料、交通方式和地图，并会带出周边的景点、旅馆、名产店等资讯，对于不熟悉该区地理位置的旅客帮助很大。

京都旅游指南

http://www.kyoto.travel/

有繁体中文页面，方便不懂日文的旅客使用。进入首页后，每个景点或主题都会辅以图片，既美观又可让人不觉得无聊。以游程规划、景点总览、现今的京都、住宿指南、美食小吃、美术馆／博物馆、旅游资讯和消费购物进行介绍，点选进去后再提供各项的内容，以及进一步的链接，目的在提供旅客对于京都有个概括的认识，可获得全面的了解，但无法抓取更深入的资讯，适合的对象为刚开始要规划初次京都自由行的旅客。

2 旅游情报中心

日本与中国距离较近，因此在官方及民间都有许多相关机构可供旅客询问或者处理赴日旅游相关事项。在出国前有任何疑问都可询问以下机构，而到了日本，各大车站或者闹市区常会设有不少旅游服务中心，大部分也都提供中英语咨询服务，建议旅客可多加利用。

中国国际旅行社总社

成立于1954年，是目前国内规模最大、实力最强的旅行企业，是“中国企业500强”中唯一的旅游企业。在全球12个国家和地区拥有8家全资、控股的海外公司和签证中心，在全国有近700家门市网点，与100多个国家的1400多家旅行商建立了长期稳定的合作关系。提供出境跟团游、国内跟团游、出境自由行、国内自由行、邮轮、票务、自驾游、机票酒店、签证等全方位的旅游业务。

DATA
址 北京市东城区东单北大街1号国旅大厦
电 86-10-8522 8888
网 admincn@cits.com.cn

各地旅游服务中心TIC

全名为TOURIST INFORMATION CENTER，简称TIC，全名为国际观光振兴会旅游情报中心，全日本设置有超过100个服务中心，在国内外机场和主要车站都设有服务窗口，主要服务对象为游览日本的外国人。只要寻找“i”或“？”符号，即可前往询问。TIC提供免费地图和观光折页、口头或书面的旅游咨询答复，或是代为预约车票、住宿等，也能查询到主要交通工具的时刻表，且为了满足多国旅客的需求，不只是日文，还具备能以英文、中文和朝鲜语对谈的工作人员，不必害怕语言所造成的障碍。比如抵达关西地区时，先不要急着离开，可以在关西国际机场的1楼看到旅游服务中心，便可在踏入京都前，先获取自己所需要的旅游折页、地图和介绍手册，据说可拿到完整的关西铁道路线图。

图片提供／hetgallery

图片提供／chang-sama

南海电铁服务中心

为日本现存的私铁中历史最为悠久的公司，以关西为主要经营地区，连接大阪难波与和歌山、关西国际机场、高野山等地。抵达关西国际机场后，旅客通常选择搭乘JR西日本或南海电铁进入市区，而在关西机场的售票口处设有服务中心，负责旅客咨询、售票、轮椅等设备借用等服务。

DATA
址 关西国际机场2楼 电 (072)455-2500
网 http://www.nankai.co.jp/traffic/station/kansaiairport.html
时 07:00～19:00

京都综合观光案内所(京なび)

由京都市和京都府共同设置的综合旅游机构，服务的范围包括旅游资讯的提供、住宿地点的介绍和代订、体验活动的安排，以及部分票务的销售，强调一次提供给旅客全方位的服务。除了日语外，备有多国语言的服务，比如是英语、汉语和朝鲜语，可以说是京都地区最大、最完善的旅游咨询中心。

DATA
址 京都车站2楼 电 (075)343-0548
网 http://www.kyokanko.or.jp/kyonavi_open.html
时 08:30～19:00

3 阅读旅游书

日本玩全指南

旅游教育出版社出版

《日本玩全指南》是以日本为单位编写的旅游指南，囊括了游客在日本购物、娱乐、就餐、旅游、交通等诸多信息，并附有较为详细的地址、电话等资料。

与同类旅游图书相比较，从内容上看，本书信息丰富，内容全面，既有旅游信息，又有购买、娱乐信息，可以满足旅行者全方位的需求；从编排上看，本书结构清晰有条理，较为新颖，符合一般旅游图书的市场需求；从语言表达上看，活泼生动，具有较强的可读性；从装帧上看，本书图片精美，版式设计美观有创意。总体而言，本书是一本不错的旅游指南，可以满足旅游者全方位的需求。一书在手，旅游日本不用愁。

玩美日本

旅游教育出版社出版

日本具有特色的城镇何其多，针对不同主题都曾进行票选，2009年所票选出公认的10大魅力城市，分别为函馆、札幌、京都、横滨、神户、小樽、富良野、镰仓、金泽和轻井泽。本书有基本资讯、旅游地图的讲解，可让旅客快速了解城市基本面貌外，还利用不同角度，叙述不同城市的故事，让人一次掌握10个城市。

文化震撼之旅· 日本

旅游教育出版社出版

本书是一本精彩纷呈、不可或缺且人人必备的日本深度旅游文化读本，专为想要真正了解日本文化的旅游者以及移居、留学日本或长期访问居留者所作。本书作者都亲身经历过文化适应过程中的酸甜苦辣，他们有足够的资格向那些希望完全融入各种相关文化的人提供热情而详尽的建议。作者以活泼、诙谐的笔调，呈现了以下内容：

深刻剖析当地的文化传统；

建议如何适应当地的环境；

提供日常生活的基本窍门及语言方面的帮助；

介绍如何充分享受旅行带来的乐趣。

准备护照

行前第一步

如何办理护照

到日本旅游要事先办理好护照，一般建议至少在出国前1个半月办理护照申请手续。

中国公民赴日本旅游或探亲访友、自费留学等，需办理因私普通护照。原则上中国护照发给16周岁以上中国公民。不满16周岁者，则随其父母或监护人公用一本护照，在必要时，也可为16周岁以下的儿童单独发相应的护照。

中国公民因私出国申领普通护照，须向本人户籍所在地县级以上公安机关出入境管理机构提出申请，递交申请材料，回答有关的询问并履行相关手续。

申办护照时间

办理护照所需的工作天数为：收到申请材料之日起15日内签发，偏远地区交通不便或特殊情况的，签发时间可延长至30日。

首次申请、换发、补发（不含丢失补发）护照，收费200元人民币，丢失补发护照再加收20元。

申办护照所需证件

中国公民普通护照申请表

（请用黑色签字笔或钢笔以正楷字书写，并在相应"□"内划"✓"）：

申请编号条形码

身份证号码

姓名

拼音姓　拼音名

性别　民族　婚姻状况

出生日期　年　月　日　出生地

近期正面免冠半身白（蓝、灰）色背景彩色证件照 照片大小：48X33mm

户口所在住址　户籍所属派出所

家庭现住址　本人联系电话

工作单位及地址　职务职称

家庭主要成员：称谓　姓名　出生日期　住址

紧急情况联系人：姓名　住址　联系电话

本人身份：□农民　□公务员　□宗教职业者　□无业人员　□学生　□军人　□国有企业或者国有控股、参股公司人员　□其他

拟前往国家　出国事由：□定居　□探亲　□访友　□商务　□劳务　□留学　□旅游　□其他

申请类别：
□首次申领
□原普通护照失效重新申领（原护照号码：　签发地：）
□换发普通护照（原护照号码：　签发地：）
□补发普通护照　原因：□原护照丢失　□原护照被盗、损毁（原护照号码：　签发地：）
□普通护照加注
加注类别：□曾用名加注（曾用名：）
□姓名加注（姓　名：）
□曾持照加注（曾持护照号码：）

一般人民（年满16岁）申办普通护照所需证件		
首次申办护照（必须亲自办理）	申换护照	遗失补发
1. 近期免冠照片（白底彩色）一张。 2. 填写完整的《中国公民因私出国（境）申请表》。 3. 居民身份证和户口簿及复印件，在居民身份证领取、换领、补领期间，可以提交临时身份证和户口簿及复印件。 4. 未满16周岁的公民，应当由监护人陪同，并提交监护人出具的同意出境的意见，监护人的居民身份证或者户口簿、护照及复印件。 5. 国家工作人员提交本人所属工作单位或上级主管单位出具的同意出境的证明。	除提交首次申办护照规定的材料外，还应该提交原普通护照及复印件。	普通护照遗失或被盗的，可申请补发。申请时，除提交首次申办护照规定的材料外，应当提交报失证明和遗失或者被盗情况说明。

备注：白底彩色照片规格：不含边框，（直）48mm×（横）33mm，光面白色背景照片。

北京市何处申办护照

申办地点	地址	交通	办公时间
出入境管理接待大厅	东城区安定门东大街2号	乘坐44、13、116、807、117路、特2路公交车	星期一至星期六：8:30~16:30
东城分局	东城区金宝街52号	乘坐108、106、111、24路公交车	星期一至星期六：9:00~11:30；13:30~16:30
西城分局	西城区二龙路39号	乘坐7、10、477路、46、626路公交车	星期一至星期六：8:30~11:30；13:30~17:00
朝阳分局	朝阳区京广大厦商务楼二层	乘坐402、420、507、801、858路、特8、运通107路公交车	星期一到星期五：8:30~11:30；13:00~17:00
海淀分局	海淀区阜成路67号	乘坐505、733、746、748、846、849、850、967、977路、运通106、102路公交车	星期一至星期六：8:30~11:30；13:00~17:00
丰台分局	丰台区科技园区外环西路16号	乘坐353、354、451、477、811、 480、744路、937支、944支、967、特7路公交车	星期一至星期六：8:30~11:30；13:30~17:00
通州分局	通州区新华北街35号	乘坐342、372、435路、728支、938路、938支2、938支4、938支6、938支9、 322、647、667、649、924、991、648、675、615、930路公交车	星期一至星期六：8:30~11:30；13:30~17:30
顺义分局	顺义区顺平西路8号	乘坐955、顺义环1、915路公交车	星期一至星期六：8:30~11:30；13:30~17:30
昌平分局	昌平区南环东路与亢山路十字路口东南角	乘坐345快、357、919、947、 376、493、小5路公交车	星期一至星期六：8:30~11:30；13:30~17:30

如何看懂电子机票

旅客前往机场办理的航空公司柜台登机手续时，首先必须出示护照与机票。机票又分为实体机票与电子机票两种。

实体机票为传统的有形票券，电子机票则将旅客资讯与各项资料储存在电脑资料库中，省去开立纸本机票的步骤，旅行社或购票网会将机票收据打印，寄送或传真给旅客。目前使用实体机票的航空公司越来越少，因为电子机票比较方便和环保，旅客只要在出国当天，带着电子机票订票资料打印件、护照，即可至机场柜台办理划位和搭机手续。

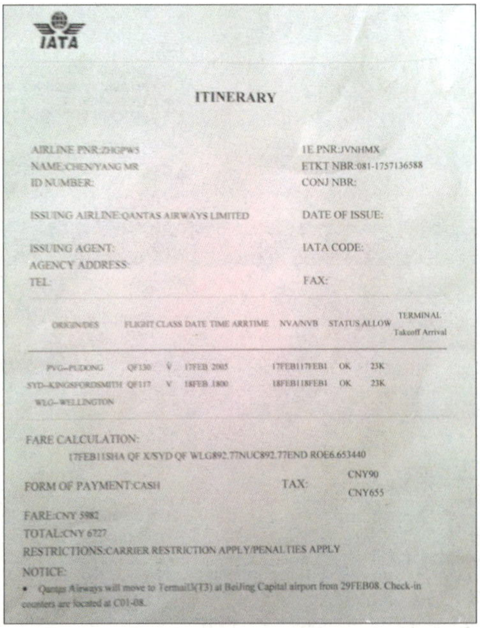
IATA

ITINERARY

AIRLINE PNR:ZHGPW5　　1E PNR:JVNHMX
NAME:CHEN/YANG MR　　ETKT NBR:081-1757136588
ID NUMBER:　　CONJ NBR:

ISSUING AIRLINE:QANTAS AIRWAYS LIMITED　　DATE OF ISSUE:

ISSUING AGENT:　　IATA CODE:
AGENCY ADDRESS:
TEL:　　FAX:

ORIGIN/DES　FLIGHT CLASS DATE TIME ARRTIME　NVA/NVB　STATUS ALLOW　TERMINAL Takeoff Arrival

PVG–PUDONG　QF130　V　17FEB 2005　17FEB117FEB1　OK　23K
SYD–KINGSFORDSMITH　QF117　V　18FEB 1800　18FEB118FEB1　OK　23K
WLG–WELLINGTON

FARE CALCULATION:
17FEB11SHA QF X/SYD QF WLG892.77NUC892.77END ROE6.653440
FORM OF PAYMENT:CASH　　TAX:　CNY90　CNY655
FARE:CNY 5982
TOTAL:CNY 6227
RESTRICTIONS:CARRIER RESTRICTION APPLY/PENALTIES APPLY
NOTICE:
• Qantas Airways will move to Termail3(T3) at BeiJing Capital airport from 29FEB08. Check-in counters are located at C01-08.

万事达卡白金秘书

万事达卡和中国银行、招商银行、交通银行等推出的白金秘书，是为中高端客户精心设计的私人贴身管家服务，提供全球商务旅行助理、高品位餐饮助理、高雅文化艺术和体育活动助理服务等，包括机票、酒店、租车查询和预定，全球奢侈品采购服务，全球餐饮预订服务。

白金秘书专线

中国银行白金客服专线：40066-95569

交通银行白金客服专线：4008-666-888

中国农业银行白金客服专线：400-619-5599

中国建设银行白金客服专线：400-62-95516

规划行程

行前规划开心玩耍

四季分明，充满传统氛围的京都是世界各地游客最爱的旅游胜地之一，而最适合旅游的季节就是樱花飞舞的春季，以及枫红片片的秋季。若是在赏樱或赏枫季节前往旅游，则需事先规划好著名的欣赏景点，亦可搭配日本各地皆有推出的优惠套票或是旅游套装行程，能省下不少经费。另外，京都有不少值得购买的商品以及必访的景点，出发前若是能先列出想去的地点以及想购买的物品，并规划出一系列行程，就能事半功倍，并可来趟轻松玩乐的旅行。

按天数计划

除非是学生或是狠下心辞职的上班族，否则一般旅客的旅游天数有限，尤其对于第一次造访京都的人而言，要如何在有限的假期里玩得尽兴，现以天数为主要考虑因素，第一次游京都可分为5天内和7天内，扣除头尾往返机场的时间，行程规划的建议如下：

● **5天内行程安排**

京都有许多好玩好看的景点，若是想在短短5日内全部走完只会徒增旅途的疲劳，因此不如依主题安排天数，并选择邻近的景点安排顺路行程，既可体验当地文化，也能够参观不少著名景点，一次无法去完的景点也可留至下次旅游时安排，可增加对下趟旅途的期待。建议行程可如下方式安排：

1天半造访寺庙神社＋1天体验传统建筑和购物＋1天京都府郊区游(如岚山、鞍马等)＋半天京都传统文化体验(如茶道、和服体验、制作传统工艺品等)。

● **7天内行程安排**

7天相较于5天更可安排较多不同行程，若是第一次前往京都，可参照上方的5日行程，再搭配两日前往京都近郊的关西地区旅游，可多方体验不同感受。待日后至京都次数增加时，即可选择较多地点来趟深度旅游。建议行程可按如下方式安排：

5天行程＋1天大阪或神户行程＋1天奈良或滋贺行程。

按时令计划

京都因历史悠久且四季分明，深受日本国人和外国观光客欢迎，无论是春季赏樱、夏季参加祭典、秋季漫步枫红之下，即使是游客较少的冬季，也仍有腊雪和红梅可以欣赏。尤其在日本的黄金周、新年假期等连续休假日，机位和住宿的安排都会显得更加困难，加上京都是日本学生修学旅行的热门地点之一，因此只要有前往京都旅游的念头，最好就开始订机位和住宿，开始比较价格和收集资讯。

按预算计算

若希望按照预算来规划行程的话，可以考虑淡季出游，京都在冬季时游客较少，机票和住宿的价格较低。若不考虑机票、住宿、交通等各大项目支出，单纯以在当地的消费来规划，建议如下：

● 游京都的一天预算

1. **豪华型，约人民币（下同）1500元（文化体验和购物费用另计）**

   吃：除早餐外，午、晚餐都到一般餐厅用餐，每餐约85元，每天约170元，饮料和点心另计。

   住：星级旅馆或传统旅馆，每晚住宿费每人约1150元。

   游：景点门票或寺庙参拜费约85元。

   行：都使用最快速的大众交通工具，偶尔搭乘计程车，约150元。

2. **中价位型，约650元（文化体验和购物费用另计）**

   吃：除早餐外，午、晚餐到连锁餐厅用餐，每餐约45元，每天约90元，饮料和点心另计。

   住：商务旅馆，每晚住宿费每人约370元。

   游：善用优惠券，景点门票或寺庙参拜费约70元。

   行：善用一日券或周游卡，约115元。

3. **节省型，约400元（文化体验和购物费用另计）**

   吃：除早餐外，自行准备午、晚餐，或购买超市现成的熟食，每餐约30元，每天约60元，不购买饮料和点心。

   住：民宿或YH，每晚住宿费每人约200元。

   游：善用优惠券，尽量挑选免费或可折抵入场费的景点，景点门票或寺庙参拜费约58元。

   行：善用一日券或周游卡，绝不搭乘计程车，约85元。

按特定节目计划

京都是日本的古都之一，自古流传下来的祭典和活动很多，前往旅游时也能参考盛大的祭典活动期间，可感受到更热闹特殊的京都气氛。但因活动众多，在这边仅列出部分较大祭典。

活动名称	内　容	时　间
葵祭	京都三大祭典之一，源自6世纪，仍维持着平安时代的仪式，从京都御所出发，行经下鸭神社，抵达上贺茂神社。	5月15日
祇园祭	日本三大祭典之一，源自1100年前，为了消除疾病，立起代表全日本的66枝矛，为现存最豪华的祭典。	7月1日~31日
五山送行火	在五座山头摆设不同的文字，当天夜晚时先后开始点燃，十分壮观，源自护送盂兰盆节的先灵安全返回黄泉的仪式，且传说捡拾燃烧过后的木炭回家，可保佑全家平安。	8月16日
时代祭	公元1895年时，为纪念平安迁都而开始举办的祭典，有到明治时代为止的8支不同队伍，可快速了解京都的历史和演变。	10月22日

必访清单

为了能更周详地拟订旅游计划，建议在出发前列出一张必访清单，清楚地写出自己这趟旅程中希望达到的目标，再按照内容开始安排细节，也可避免忙中出错，让有限的时间发挥出最大的效益。安排的基本原则为顺路，以节省交通时间和金钱，但也不要忘记事先调查各景点的开放时间或特定活动的举办时间，至于要购买的土产或纪念品，或是亲朋好友托购的物品，也要列出清单，标示物品的名称、可购得的地点、大致金额等资讯，最好是有照片，以防遍寻不着时可以拿照片直接询问店员。

各地区必玩景点

地区	必玩景点
洛北	上贺茂神社、下鸭神社、北野天满宫、京都御苑
洛东	平安神宫、祇园、清水寺、银阁寺、知恩院
洛西	岚山、嵯峨野、野宫神社、金阁寺、天龙寺
洛中	京都车站、三十三间堂、东寺、锦市场、鸭川、西阵织会馆
洛南	伏见稻荷大社、醍醐寺、宇治

必吃美食及必买好物

必吃美食	汤豆腐、荞麦面、日本酒、和子、京渍物、牡丹锅、黑豆料理、宇治茶
必买好物	帆布包、和纸、清水烧、西阵织、手拭布、艺伎保养品／饰品、七味唐辛粉、白味噌、日本酒、和子、京渍物、黑豆料理、宇治茶

购买机票

确定机票安排行程

当护照办好后，便可依照护照上的中文、英文姓名及护照号码订购机票，并可从航班时间开始安排旅游行程。但若预订出游日逢国定假日、寒暑假或春节时，须提早准备机票事宜，以免向隅。

需要何时订好机位、买好机票

• 购买机票途径

一般来说，自助旅游的旅客可透过3种途径购买机票，首先是直接跟航空公司购买，其次是经由旅行社购买（通过电话、门市或网络），最后是自己上网选购。

社会大众通常会有若直接跟航空公司购买机票，价格比较昂贵的印象，但有时航空公司会有优惠专案，或结合信用卡公司推出促销方案，还是有可能买到划算的机票，或是适合的自由行套装内容，开始规划行程时仍可以参考航空公司的网站。

而旅行社或票务中心的网站，因资讯透明，可自行在线上查询机位和价格，十分受到自助旅游者的欢迎。但需事先提醒的是，若对于航程有特殊要求，如不同地点进出，中间停留其他城市，或是来回舱等不同，还是需要通过客服人员的操作才能订票，无法自行在网络完成。

至于何时应该开始订位，建议旅客只要一开始规划行程就该订位，因为越早预订机位，成功的可能性越大。在春季赏樱花、夏季参加祭典，或是秋季赏枫的旺季更是一位难求，为避免向隅或买到较昂贵的机票，越早行动越有利。至于预订机位后，接着要进行购买机票(开票)的行动，航空公司对于最晚开票日期都有所规定，淡季时可能是出发前8日，旺季时可能是出发前1个月，或确认机位后3天内就需开票，各家规定不同，可在预订机位时一并询问清楚。

参考网站：

中国国航http://www.aircha.com.cn
南方航空http://www.csair.com
东方航空http://www.baike baid.com
国泰航空http://www.cathaypacific.com/cpa/zh_TW/homepage
全日空航空http://www.ana.co.jp/asw/wws/tw/ch/
日本航空http://www.tw.jal.com/twl/zhtw/
去哪儿网http://www.qunar.com
携程旅行网http://www.ctrip.com
艺龙旅行网http://www.elong.com
驴妈妈旅游网http://www.lvmama.com
途牛旅游网http://www.tunu.com
酷讯旅游网http://www.kuxun.cn
欣欣旅游网http://www.cncn.com

在哪里订机位、买机票

● 订票流程

1. 确认自己计划出发和回程日期，以及同行人数，是否有何特殊需求(例如不同点进出，或是回程日期不同等)。
2. 自行上网查询，确认机位和票价后直接请该网站(旅行社或票务中心网站)开票。
3. 提出需求后，请旅行社工作人员代为查询，确认后直接开票。
4. 向各航空公司订位组预订机位，机位确认后直接购买或请旅行社代为开票。
5. 确认欲购买的机票总价（应包括机票价格、税费、机场建设费、燃油费），以及该机票是否有使用限制（例如可搭乘的航班、日期或开票后不可再更改的限制）。
6. 无论是何种订购方式，需确认提供订位的中文姓名应与护照上的相同。

飞大阪关西机场的部分航空公司 / 廉价航空

出发地	目的地	航空公司	机场位置	航班数
北京首都机场	大阪关西机场	中国国航	T3	每天
		东方航空	T2	每天
		吉祥航空	T3	
		全日空	T3	每天
上海浦东机场	大阪关西机场	中国国航	T2	每天
		东方航空	T1	每天
		上海航空	T1	每天
		日本航空	T2	每天
		全日空	T2	每天
		春秋航空	T2	
		吉祥航空	T2	

备注：以上均为直飞航班。

所谓的廉价航空，顾名思义就是价格较为低廉的航空公司。上海飞关西机场的廉价航空有春秋航空和吉祥航空两家，其降低成本的做法主要在于服务较少、降落非主要机场等，且消费者可依据自己的需求进行选择，如行李公斤数、餐点内容、视听设备等，都是需额外付费的项目，但也可以不选购，因此可衡量自己的旅游习惯后，再进行航空公司的选择。

廉价航空最大的优点就是便宜，可依自己的需求选择附加服务，还会推出限时优惠活动，只花五六百块就买到机票也不稀奇。但缺点在于飞行时间较差，行李重量管制较严格，停靠闸门较为偏远，对于更改姓名、航班等限制严格，以及误点情形较为人所诟病，自助旅游的旅客可衡量优劣后再决定是否购买。

机票的价格

机票的售价跟一般大众交通工具不同，虽然是飞往同个地点，但价格会因季节（淡旺季）、航班时间、舱位等级、票期等而有所变动。

中国直飞关西机场的航线班次的选择很多，北京出发一般经济舱的票价大致维持在人民币1800～2500元之间，若是暑假等旺季时通常会加价200～500元不等。有时航空公司会推出优惠促销专案或短票期的旅游票，但在搭乘者身份、人数、搭乘航班或时间等方面可能会有所限制。

除了购买一般机票外，还有两种购买机票的方式可参考，一为计划旅游机票，一为“机加酒”自由行。

计划旅游机票（俗称凑团票）就是所谓的团体票，价格会较直接购买机票低廉，但其旅游天数固定，无法临时要求更改出发或回程时间，且可能还有无法累积飞行里程数、机位不可升等其他限制。

机加酒自由行的套装行程，有可能是由旅行社或航空公司推出，机票票期通常为5~14天，再加上3~12晚的饭店住宿，有时比起单独选购机票还划算。以中青旅为例，4天3夜的京都自由行售价为人民币4000元起（售价视选择的饭店而有所不同），有时还会赠送当地交通券或其他优惠票券等。

不管是通过何种方式购买机票，要注意的是，通常看到的价格是尚未加上税费，最后付款的金额应为机票或自由行价格，再加上税金，后者的价格也会随着开票时间而略有变动，但一般税费大约为600~1100元。

准备旅费

妥善规划省钱自助游

自助游不比团体行程，旅行社是连吃、住、行都一同算入费用内，但若想享受随心所欲的自助游行程，在预算限制下，就需玩得更有计划，凡事也更需要经过缜密计划，尤其出门在外常有突发事件，预算需要通过事先规划，避免因旅途中的突发事件影响旅游的心情及自己的荷包。

京都的消费水准

众所皆知，日本是个高物价的消费国家，但到底高到哪里，每天该准备多少基本的旅费，得先在心里仔细盘算，才能继续规划行程。

京都的物价和北京、上海相比较，以美系连锁咖啡店为例，小杯拿铁的售价是320日元（约人民币18元），搭乘京都地铁的车资为210日元（约人民币12元）起跳，在拉面店吃碗豚骨拉面约为700～800日元（约人民币40～45元）左右，平均而言，京都的物价比北京、上海贵3～4成。且日本会另外收取5%的消费税，在商店购物时千万要注意是含税（税）价格或未税（税别）价格，免得结完账才发现身上现金不够，又不能刷卡的话就麻烦了（百元商店和部分药妆店不接受刷卡）。

扣除机票的支出，以一般水准的生活方式来进行估算，可以右边的表格进行。

- **在京都的一天费用估算**

支 出 项 目	金额(日元)
早餐(御饭团＋咖啡牛奶)	400
午餐(亲子盖饭)	700
饮料(罐装茶饮)	150
晚餐(定食)	1000
市内交通费	500
郊区交通费	1000～2000
景点门票	1000～2000
商务旅馆住宿费用(双人房／2人)	4000
纪念品	2500～5000
小计	11250～15750

除了以天数去估算旅费外，还有另外一种概算方式，即在规划行程时找出自己必去、必赏、必买、必吃的项目后，逐一列出金额(若是景点，应含有交通费和门票)，再加上必定支出金额(例如每晚住宿、往返机场费用)，最后是每天的基本支出(可视自己的经济状况拟定一个额度)，如此一来就可了解应该要准备多少的旅费。

游京都省钱秘诀

- **多方比价**

自助旅游中花费最大的项目，莫过于机票、住宿和当地交通费三大项目，若想省钱，只能勤做功课。预订机票时务必提早开始作业，尤其在连假、寒暑假和当地举办重大节庆时，不但要多方比价，还要确认飞机的航班时间和当地交通的接驳方式，有时过早或过晚的班机，虽然比较便宜，但可能需要多花一晚住宿费，需自行衡量。住宿的部分，可通过各大订房网站协助，有时虽然是订同一家旅馆，但可能各网站推出的方案内容不同，价格也会产生差异，例如一泊一食或一泊二食，又或者搭配的餐厅不同。要使用订房网站通常需加入会员，只要有预订和住宿，网站会回馈点数，在下次订房时进行折抵；有时商务旅馆会推出连住三晚、第四晚免费的优惠，在订房时可多加以留意。当地交通费的部分，出发前要精密规划交通路线，尽量不浪费交通时间和金钱，并仔细调查各种交通组合券的使用方式和内容，购买最适合自己的票券。

图片提供／sun-summer

● 留意优惠券

日本是个十分盛行优惠券的国家，不管是吃喝玩乐，甚至于交通，都会有优惠券可以使用。得到优惠券的方式有几种，首先是介绍旅游资讯的网站，在浏览店家资讯时可顺道列印或下载优惠券；接着是当地的旅游中心，有时附于地图旁边，或是导览手册的折页当中；常见的是购买交通票卷时赠送，例如近铁发售的“鞍马・祇园一日票”，便赠送沿线各站的土产店或餐饮店的优惠券，可折抵100日元或享有总金额10%的优惠，不使用实在是太可惜。若觉得特地去搜集太过麻烦，那么至少在进入超市购物前，可先翻阅门口摆放的当期目录，有些超市会将优惠券直接列印在上头，只要撕下来就可以马上使用。

● 善用免费设备

图片提供／PYONKO

投宿在民宿和商务旅馆时，头一天一定要先了解馆内设备，若是使用得到的物品，千万不要放弃自己的权益。首先，最常被使用的是微波炉和洗衣机，微波炉可拿来热食品，若是觉得外食太过昂贵，可以到超市购买简易食材，自行烹调。在外旅行时若不想带太多衣物，可先了解投宿地点是否有提供免费洗衣机（部分旅馆须另外购买洗衣粉）和烘干机，或者是收费价格如何。其次，京都市内范围并不大，部分景点可用单车代步以节省交通费，因此旅馆是否提供脚踏车的租借也很重要。最后，各家旅馆可能有其特色，例如S商务旅馆有赠送给女性住客小礼物，D家商务旅馆每天晚上则提供免费夜宵，这些都可以列入考虑因素。

● 懂得省钱的窍门

图片提供／june29

若想省下伙食费，记得携带保温瓶和简单餐具，保温瓶可以自行装水，或是购买大瓶茶饮回旅馆分装，都会比在路上投贩卖机节省许多。而选择使用保温瓶的原因是冬天可维持热乎乎的温度，夏天可喝到冰凉凉的饮料，非常好用。在日本购物，千万别相信有不二价，相同的保养品摆在不同药妆店，会有价格的差异或是赠品的不同，相同的饮料摆在不同超商也会有价格的不同，因此必须事先调查各商品的大致价格，设定好可接受的买点。近年来日本还很盛行百元商店，不只是daiso，还有其他商品的百元商店，种类众多，可以到http://hyakkin.geomedian.com/查询店铺资讯。除了百元商店，还有专卖便宜票券的“金券店”，不管是电信储值卡、游乐园券、JR车票等，贩售的种类五花八门，且会将各种特惠商品的价格贴在店门口，可自行比价。

预订住宿

确定住宿轻松旅行

当护照及机票皆办妥后，最重要的就是住宿问题。京都虽然不大，饭店也不少，但最好还是在出门前配合自己行程订好饭店，如果是遇到旅游旺季更应及早准备，避免出国却无落脚之地，造成身体出状况，严重时可能也会有安全疑虑。且愈早订房有时会因订房网站而有所优惠，不妨提早比较各种方式，准备妥当才能安心出国游玩。

何时须订好住宿

确认好出发和回程日期，便可安排住宿地点。规划好欲停留城市，并在出发前预约好所有饭店，便可降低旅途风险；或者至少应将头几天和回程前一晚的饭店预约好，以免在人生地不熟的状况下找不到住宿的地方；若预计要到热门旅游景点过夜，也应先预约好，以免届时拖着行李箱四处询问，造成体力负荷，尤其北海道冬季严寒，最好先预约住宿处以免意外。

京都观光盛行，不同等级饭店数量众多，但若想找到适合住宿处，还是得耗费一番时间；加上受欢迎饭店在旺季时易客满，越早开始预订住宿地点越好。

另外，日本住宿时多以人数作计算，查询价格时请特别注意饭店房价的标示是否为每人每晚的金额，以免双方产生认知落差而不愉快。且住房时人数若较预约时增加也请诚实告知，因为部分饭店无法加床，必须另开房间。

最后，订房后若欲取消，部分饭店并不会收取服务费，但请务必告知工作人员，避免造成对方的困扰，并维持饭店对中国人民之良好印象。

图片提供／Norio.NAKAYAMA

订饭店方式

● 传真预订

若饭店无网站、不接受外国旅客网络预约，或者不谙日文，都可尝试用传真方式订房。步骤为在纸上用英日文注明预计进房及退房日、住房人数、对房间要求、联络人姓名、电话、地址等资讯，并传真给对方后就可等候回音。

● 电话预订

若能以日文沟通，直接通过电话订购是最快的方式，因有时网站回复订房状况需时较长，且可能有特殊要求无法通过网站传递。但缺点是有语言限制，及花费金额较高。如果有通晓英文的饭店工作人员，也可使用这种方式，但部分民宿、特色旅馆、温泉饭店等，工作人员可能只会使用日文。

● 网络预订

网络订房是现在普遍又便利的方式，网站分为饭店自己架设的网站、日本旅游订房网站联盟，以及国际订房系统网站等类型。只要点选希望入住日期、人数和区域地点等选项，就可马上得知空房状况，另外还可点选地区观看网站推荐的饭店介绍等，十分便利，且不同订房网站可能会有不同的优惠专案，可以多加比较。在网络上预约成功后，会收到确认的E-mail信函，可事先打印好，于饭店柜台直接出示，即可办理入住手续并付费。

以Agoda为例

Agoda是一个国际性的订房系统，全球提供超过26万家饭店的代订服务，不只有中文界面，可下载全球饭店的资讯，且拥有会员独享优惠专案，更可贵的是每年有百万旅客对于饭店的真实评价，对于第一次想要前往京都自助旅游的朋友来说，是个很有利的帮手，和前面介绍的日本订房网站不同之处，在于有中文界面、需使用信用卡付费、部分特价促销房型无法取消或更改及少数订房取消会酌收手续费等。

在全球饭店订房网站线上订房

就自行安排自助旅行的人来说，选择饭店有时也是件费心的事，但现在有越来越多的全球线上订房网站提供了更完整的资讯来帮助旅人能快速找到理想的住宿饭店。例如Agoda.com就提供全球超过26万家饭店线上订房资讯，它不但可以立即确认订房，价格又亲民，无论是高档星级酒店或是一般旅游民宿，通通包括，还能依照地图寻找最理想的投宿饭店，同时查看饭店评价，让行程安排更加便利，而且每笔成功的订房记录还可获得4%至7%的回馈积分，并可折抵未来的订房费用，可说相当划算。以下为订房操作步骤说明。

Agoda.com订房操作指南大公开

4个步骤轻松搞定订房大小事！

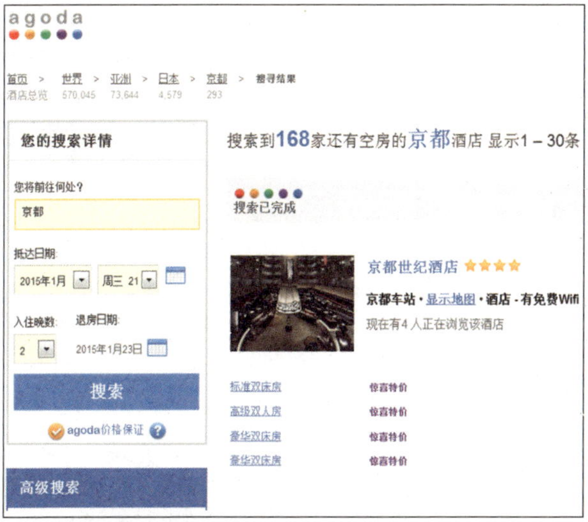

STEP 1 首先进入http://www.agoda.com，并在“查询空房/价格”输入住宿的国家或城市名称，选择入住日期及停留夜数后，点击【查询价格】。

注意：首次使用Agoda.com的用户可以在首页上方点选【立即注册！】注册会员，以便加入Agoda会员回馈积分计划。

STEP 2 系统将会整理出所有符合条件并还有空房的饭店，请点选你欲入住的饭店。

STEP 3 进入饭店页面后，系统会显示各房型每房每晚之价格，在“最多”的栏位所显示的则为该房型可入住的最多人数，请点选完所需要的【房数】后，点击【立即预订】。

STEP 4 接着请将“住客名称和付款细节”及“联系人信息”之所有栏位用英文填写，请注意其输入的电子邮件账号是否正常运作，系统会于订房成功后发送确认信及入住凭证至该信箱。

完成以上步骤，你就完成了你的饭店订房啰！系统将很快地把确认信及入住凭证发送给你。

其他订房网站

- 艺龙旅行网 http://www.elong.com
- 驴妈妈旅游网 http://www.lvmama.com
- 途牛旅游网 http://www.tumu.com
- 酷讯旅游网 http://www.kuxun.com
- 欣欣旅游网 http://www.cncn.com
- JAPANiCAN http://www.japanican/Traditional-Chinese/
- 一休 http://ikyu.com/
- HOTESPA.net http://hotespa.net/Resort/
- 东横 INN http://www.toyoko-inn.com/china/index.html
- SUPER HOTEL http://www.superhoteljapan.com/cn/
- Richmond Hotels http://www.richmondhotel.jp/
- Japan Youth Hostels http://www.jyh.or.jp/

住宿的类型

高级饭店

也就是所谓的星级饭店，至少应具备三星级的水准，建筑气派、设备豪华，柜台人员通常能以英文流利地应对，饭店内设施除基本的大厅外，经常还设置有各种餐厅、酒吧、泳游池或健身房等，以提供房客使用，例如格兰比亚饭店、凯悦饭店、京都大仓饭店等，每晚双人房要价大约定价2万日元左右。另外京都拥有许多历史悠久的传统旅馆，几乎为木造、榻榻米地板，以典雅的摆设装饰，若预算允许，或许可以住上一次，体验旅馆细心的招待，例如田舍亭、柊家旅馆，每晚双人房要价大约定价6万日元左右。

图片提供／PYONKO

图片提供／Jun Seita

温泉旅馆

图片提供／dozodomo

京都虽不以温泉著称，但在岚山、天桥立、丹后等一带仍可享受到温泉。温泉区内的旅馆，有木造传统建筑，也有西式建筑，通常能在房间内直接泡到温泉水，也可以到旅馆附设的大众温泉池去泡汤。有些旅馆设置的是露天温泉，可眺望远处的风景，别有一番风情。房价多为一泊二食，提供的多是日式食物，利用的是当地食材，加上旅馆的贴心照料，让人觉得非常物超所值。温泉旅馆因等级不同，会有价差，每人每晚从20 000～40 000日元之间，虽然价格不菲，但值得体验看看。

商务旅馆

是为了方便出差的商务人士所设置，设备较简单，但其设计的方向除了针对商务人士，对于自助旅客也很方便，例如地点靠近车站，提供免费早餐和报纸、网络和复印等，设有投币式洗衣机和自动贩卖机等，部分商务旅馆还推出积点活动，像是三晚住宿后第四晚住宿可免费，不时会举办优惠活动，或是赠送女性住客小礼物等，都十分令人感到贴心。平日单人房一晚约6500日元，双人房一晚约8500日元，中等预算的旅客可多加考虑和比较。

图片提供／morigamikenta

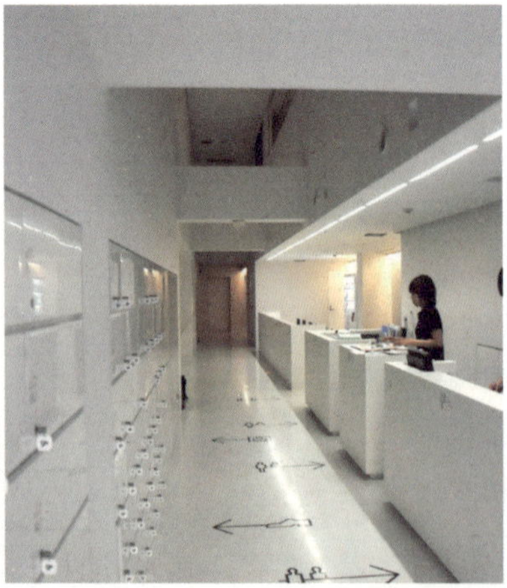

图片提供／k14

● 民宿

京都独具特色的民宿数量极多，也有许多中国侨民开设的民宿，许多游客会以这类型旅馆为优先考虑，因为可以居住在风景优美、独特品味的建筑，接受主人的亲切招待，并能在交谈中得到许多宝贵的当地情报，更了解当地的风土人情，在网络上可找到日本人的民宿，也有不少中国侨民开设的民宿，且因价格便宜大受青睐，比如受欢迎的KHAOSAN KYOTO Guest House(カオサン京都ゲストハウス)，单人房一晚只要3800日元。

图片提供／Party0

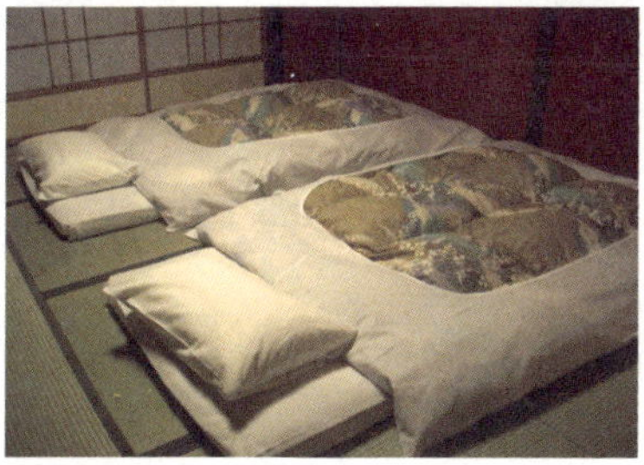

图片提供／fiseb

图片提供／solo_time

图片提供／yuanchih cool

● YH旅社

对于自助旅游者来说，全球各地都有的YH旅社，也是可以考虑的对象之一。京都的YH旅社数量有4间，分别位于宇多野、天桥立、美山和丹后温泉，后三间YH都不是位于京都市内，每晚价格为2600～3500日元左右，餐点需另外付费。强调家庭的感觉，通常是通铺或多人共室的形式，使用公共浴厕，但可以和旅社主人、其他旅客有较多的交流，确实也是个难得的体验。

● 出租公寓

图片提供／mrkhgk

住越久越便宜的形式，不接受仅入住一天的旅客，长则可达数个月，装潢简单大方，但具备基本的生活用具，例如洗衣机、微波炉、冰箱、网络等，不必另行添购，且设备干净又新颖，一切就像在中国国内租房子居住一样，可以自行烹调，必须处理垃圾、打扫等，除住宿费外还需付事务费和基本清洁费，双人房每晚约8500日元（有的可接受加床，入住三个人也没问题），甚至有出租整栋房屋的形态。CMM周租公寓和IVY brand's都颇受好评。

● 宿坊

在寺庙投宿就叫作“宿坊”，京都因为寺庙多，部分寺庙有开放给旅客住宿，有点类似在中国国内寺庙香客借住的形式。设备简单，可能没有电视或早餐，或是只能使用公共澡堂，但可体验到不同的住宿经验，若对宗教有兴趣者还有机会参加坐禅等活动，妙莲寺、鹿王院等都有开放预订，每晚价格为4000~6500日元左右。

图片提供／np&djjewell

打包行李

背包客收纳术

京都四季分明，冬季虽然没有日本东北或北海道严寒，但也会有降雪情形，而夏季又常会出现30℃以上高温，因此在行李的准备上更需花心思整理。欲前往京都旅游，即使是高温的夏季不需携带太厚重的衣物，也建议可使用中大型的行李箱，因为日本有许多大大小小的纪念品都相当值得购买，尤其是京都有许多特殊的纪念品，为了避免行李箱塞不下的情况，还是先预留较大空间比较理想。

整理行李的秘诀

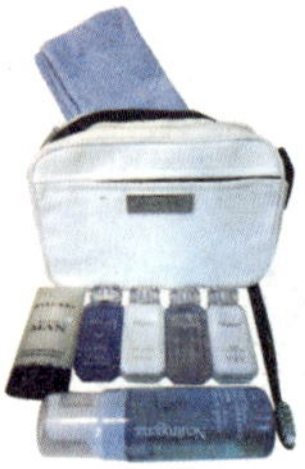

首先要按照旅游天数、旅游季节、行程计划、当地交通方式等，来决定要携带的行李箱。旅游天数和季节会影响到需要携带的衣物数量，三上（衣）三下（身）为基本搭配原则，若需要出席特殊场合则另当别论。冬季出游时则需另外携带保暖衣物，京都气温虽不及东京或北海道低，但对于习惯温带、亚热带气候的中国人来说还是较为寒冷，因此御寒衣物、帽子、围巾、手套等都不可缺少。穿着上切记要采取洋葱式穿法。日本建筑物或交通工具内，通常会备有暖气设备，进到室内就需要将大衣脱下。另外日本是个购物天堂，京都有相当多的老店或别致的手工艺品，除非有把握自己不会陷入疯狂买物的氛围当中，否则请千万记得要预留装纪念品的空间。

旅途中若需要一直更换旅馆，或是会搭乘火车或长途巴士，可考虑携带较小型的行李箱，或使用大型背包，以增加移动时的便利性。若为定点性旅游，则可携带较大型的行李箱，只是日本的车站多数没有手扶梯或电梯，必须要先做好抬行李上下楼梯的心理准备，或是可使用京都车站寄收行李的服务，当天14:00前收件,（可上http://www.carry-s.com/html/goriyou_ca.html查询），每件行李750日元。

打包行李的第一步，就是将所有需要携带的物品全数摊开，将无法拆装、形体固定、有易碎危险的物品先放入行李箱内。接着进行分类，使用夹链袋将同类型的物品装在一起，以便利拿取。至于可折叠的衣物，是行李箱四周最好的缓冲物，可用卷的方式缩小体积，并填充各物品中间，以降低碰撞的危险。最后打包时要顾及重量分配，重的物品最好放在箱底，以免拉行李箱时会头重脚轻。若是中途可能需要拿取的物品，建议要放在行李箱较上面的地方，以避免在大庭广众之下翻找的窘境。

● 航空公司行李重量限制

中国往来关西机场的航空公司，对于免费托运行李的限制多为经济舱20公斤、商务舱30公斤、头等舱40公斤，开票时会注明于电子机票上，可在出发前再次确认。随身的手提行李不用另外付费，最多可携带两件，体积不可超过56厘米×36厘米×23厘米，重量上限为5公斤。若真的超重，则需付额外的行李超重费用。

若搭乘廉价航空，除一个手提行李（重量上限为5公斤）外，在托运时便需支付行李的托运费用（以公斤计算）。

● 不能携带的物品

禁带物品为枪支（分各种仿真玩具枪、枪型打火机等）、弹药、军警械、管理刀具、爆炸物品、剧毒物品、腐蚀性物、危险溶液等。

禁止随身携带液态物品，可随身携带少量自用化妆品，容积不得超过100毫升。

日本当地对于伪制品、妨害善良风俗之图书、杂志或物品，和侵犯商标智慧权的物品也加以管制。动植物品和相关制品，需要接受检疫，若是在华盛顿公约中，被指定为保护动物(例如象牙)的制品或加工品，则属于违禁品。

入境时若携带的现金、旅行支票等总价值超过100万日元，或是有黄金超过1公斤(纯度90%以上)，入关时需办理申报手续。个人免税品的额度，包括酒3瓶、香烟1条和香水2盎司。

● 必带物品确认表必带物品确认表（◎非常必要○建议要带△视个人需求）

	品　名	必要度	备　注
证件资料	护照正本和复印件	◎	
	现金（日元）	◎	
	现金（人民币）	◎	回国时使用
	电子机票	○	不一定需要打印出
	网络预约记录	○	包括饭店、表演门票等
	信用卡和相关资料	◎	例如预借现金密码、挂失电话等
	YH青年旅馆卡	△	
	海外旅行保险单	○	
	二寸照片四张	○	若证件遗失时需使用到
盥洗用具	牙刷、牙膏、毛巾	○	部分住宿地点可能未提供
	洗发精、沐浴乳	△	
	刮胡刀	△	
	吹风机	△	部分住宿地点可能未提供，但要确认电压
	洗衣粉、洗衣精	△	
	生理用品	○	
个人物品	外出衣物	◎	
	贴身衣物	◎	包括内衣裤、袜子
	拖鞋或凉鞋	○	
	御寒衣物	○	包括风衣或防水外套、手套、围巾和帽子
	暖暖包	○	
	保养品	◎	
	常用药品	◎	
	雨伞或轻便雨衣	○	
	太阳眼镜	△	
	笔记本和笔	◎	
	万用刀	○	
	夹链袋	◎	可分装物品时使用
	手表	◎	
	电池	○	冬季时可能会造成电池效能缩短，使用时要注意
	相机和相关配备	◎	
	手机及充电器	◎	
	计算机	◎	
	电子字典	○	
	旅游指南、地图	◎	
	其他：泳装、运动衣等	△	看个人需求
紧急资讯	航空公司当地联络电话	◎	
	饭店联络资讯	◎	
	中国驻大阪总领事馆联系电话	◎	

● 其他事项

在关西机场的航厦的1楼和4楼，有帮忙代运行李的服务，基本收费为每件行李400日元，可送到各大主要车站，服务时间分别为1楼为06:15～22:30，4楼为06:30～22:30，可事先预约。

符号代表资讯

交 交通方式　网 相关网址　时 营业时间　票 参观门票
费 费用　址 详细地址　电 相关电话　址 备注事项

Chapter 3

快乐出发篇

出入机场

顺利出游去

1 前往机场

北京首都国际机场

北京首都机场为国际机场，距离北京市区20多公里，除自行开车前往、租用机场接送服务或搭乘计程车外，往返的客运种类多、班次密集，可视自己的居住地区和航班时间进行选择。

图片提供／vixyao

图片提供／Kentaro IEMOTO@Tokyo

机场巴士部分路线表

	路线号	运营时间	行车路线
市区↓机场	1线	5:00～21:00	方庄（方庄体育公园东门南侧）—国贸—首都机场
	2线	5:00～21:00	西单—东公庄—雍和宫—首都机场
	3线	5:00～21:00	北京站—国际饭店—东直门—亮马河大厦—首都机场
	4线	4:30～22:00	公主坟—友谊宾馆—北太平庄—安贞桥—西坝河—首都机场
	5线	6:00～19:10	中关村—北航—惠新西街—首都机场
	7线	4:50～22:00	西客站环岛火炬东侧—广安门—磁器口—朝阳公园桥—首都机场
	8线	5:10～20:50	上地—西三旗—龙泽城铁站—龙华园—矩阵小区—天通西苑一区—白坊（天通东苑）—首都机场
	10线	7:00～19:30	北京南站北出口公交枢纽站台—首都机场
	11线	8:00发车	亦庄兴基铂尔曼饭店—丰大国际大酒店—锦江富园大酒店—北环西路—首都机场

机场快轨搭乘指南

机场快轨运营车时间	乘坐位置	换乘站提示	发车间隔	计价方式	温馨提示
T2：06:35~23:10 T3：06:20~22:50 东直门：06:00~22:30	2号航站楼：2号停车楼地下二层 3号航站楼：3号停车楼二层	三元桥站可换乘10号线，东直门站可换乘2号线和13号线	全天均为10分钟一班	单程：25元/人	机场快轨共设4站：东直门、三元桥、3号航站楼、2号航站楼

机场巴士搭乘指南

市区旅客可方便乘坐机场巴士往返首都机场与方庄、西单、北京站、公主坟、中关村、奥运村、西客站、上地、亦庄、通州、北京南站的11条市区巴士线路，周边城市旅客可乘坐省际旅客班车往返机场与天津、廊坊、秦皇岛、塘沽、保定和唐山的6条省际巴士线路。

● 计价方式

市内巴士：详见机场巴士阶梯票价路线表

省际巴士：北京→天　津：82元/人（单程）

北京→塘　沽：94元/人（单程）

北京→秦皇岛：140元/人（单程）

北京→廊　坊：40元/人（单程）

北京→保　定：95元/人（单程）

北京→唐　山：80元/人（单程）

自2014年1月1日起，旅客乘坐首都机场省际巴士时需携带有效身份证件购票和乘车。

● 购票位置

1号航站楼：一层7号门内巴士售票处

2号航站楼：一层9号门外巴士售票处

3号航站楼：一层7号门外巴士售票处

温馨提示：位于3号航站楼3号门内省际巴士售票柜台迁移至1号门内，同时增加空地联运身份证识别器。

● 咨询热线

北京市内机场巴士服务热线：

010-64573891/64594376/64594375

省际机场巴士服务热线：010-64558718

温馨提示：乘坐省际巴士前往首都机场乘机的乘客请注意登机时间，国内航班乘客建议提前6个小时乘坐巴士，国际航班乘客建议提前7个小时乘坐巴士。

机场出租车搭乘指南

● 乘坐位置

1号航站楼：一层1号门外外车道。

2号航站楼：一层5-9号门外中车道。

3号航站楼：请参照航站楼内指示牌。

● 计价方式

1.公里租价2.3元，基价公里3公里，起租价13元。

2.燃油附加费每运次1元。

3.低速行驶和等候费，时速低于12公里时，每5分钟早晚高峰期间［7:00（含）~9:00（不含），17:00（含）~19:00（不含）］加收2公里租价（不含空驶费），其他时段加收1公里租价（不含空驶费）。

4.提前4小时以上预约每次6元，4小时以内预约每次5元。

5.单程载客15公里以上部分，每公里租价加收50%费用。

6.往返载客，即起点和终点在2公里（含）运营时，每公里加收20%费用。

7.23:00（含）至次日5:00（不含）运营时，每公里加收20%费用。

2 从机场出发

机场出租车调度管理电话：010-64558892

北京出发的旅客可从首都机场、上海出发的旅客可以从浦东机场搭乘航班前往日本关西机场，再转乘交通工具至京都，无论在哪座机场出发，出入关的程序并不会有所差异，必要的手续及关卡都大致相同。

Step 1 机场 Check In

在飞机起飞至少两小时前抵达机场，预留突发的交通状况时间，并确保自己机位不会被取消，亦可有较多选择机会，例如可向航空公司提出欲划位在靠窗位置等。抵达机场航空公司柜台后，将护照和电子机票复印单交给服务人员，划位后领取登机证。若发生临时事件，最迟也应于航班起飞前40分钟办理登机，否则可能面临关舱、无法登机状况。部分航空公司有开放旅客办理预先登机和选位的功能，可事先上网查询，以节省时间。

Step 2 行李托运

确认机位后，将行李交给柜台称重并办理托运，接着将行李送上输送带，通过X光检验。此时柜台服务人员会请旅客确认行李件数、公斤数和托运单(会直接粘贴于登机证上)，以及运送至运输带上的过程。为避免行李遗失，可在行李箱上挂载写有中英文姓名、地址的辨识名牌，或是易于辨识、颜色鲜艳的物品，届时出关领取行李时较不易与他人行李混淆。

Step 3 证照查验

办理证照查验，必须出示护照和登机证。

Step 4 安全检查

进入出境登机入口，送行人员在此时已不可随行。在这里办理安全手续，旅客除了需要将随身物品取下，部分金属用品（如皮带）也需解下一同送入X光检查仪器，部分物品（如超过100毫升的液体、刀剪等尖锐用品等）必须在此丢弃。

Step 5 准备登机

在登机证上会载明登机门，但有时因班机调度也有可能会临时更改，必须随时注意机场信息。在登机前，使用信用卡或航空公司的会员优惠，享受贵宾室的服务，只要在登机证上指定时间前抵达登机门即可。

3 抵达日本

飞机即将降落前，航空公司的服务人员多会询问旅客是否需要入境卡，如果此时错过没有关系，可以到海关审查处索取和填写。此处须注意的是，一定要先将入境卡填写完毕再至海关审查处排队，以免排到海关时被斥回重写，又要重新排队。

由于外国人入境排队时间较长，必须有排队的耐性及心理准备。

Step 1 填写入境卡

入境卡上多为汉字，对于中国人应该不难，且入关处多有准备中文范本，只要依序照实填写即可。

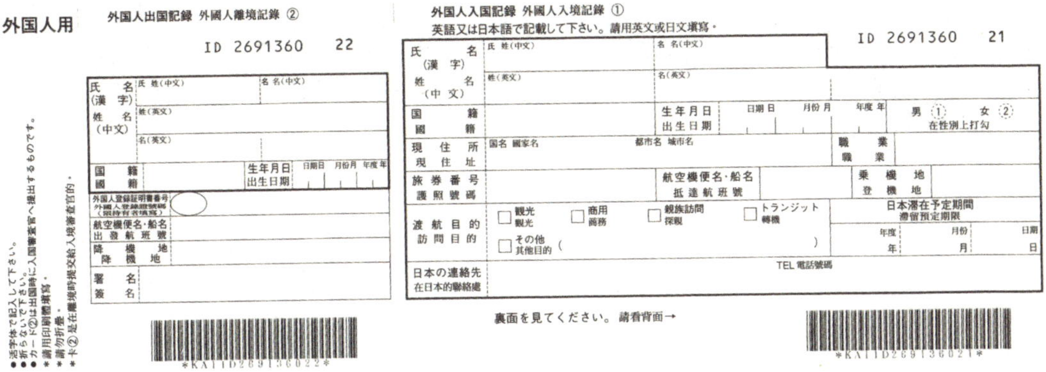
外国人用

外国人出国記録 外國人離境記錄 ②

ID 2691360 22

氏名（漢字）／姓名（中文）：氏 姓（中文）　名 名（中文）　姓（英文）　名（英文）
国籍／國籍　生年月日／出生日期：日期日　月份月　年度年
外国人登録証明書番号／外國人登錄證號碼（限持有者填寫）
航空機便名・船名／出發航班號
降機地／降機地
署名／簽名

●活字体で記入して下さい。
●折らないで下さい。
●カード②は出国時に入国審査官へ提出するものです。
＊請用印刷體填寫。
＊請勿折疊。
＊卡②是在離境時提交給入境審查官的。

KA11D269136022

外国人入国記録 外國人入境記錄 ①
英語又は日本語で記載して下さい。請用英文或日文填寫。

ID 2691360 21

氏名（漢字）／姓名（中文）：氏 姓（中文）　名 名（中文）　姓（英文）　名（英文）
国籍／國籍　生年月日／出生日期：日期日　月份月　年度年　男 ①　女 ②　在性別上打勾
現住所／現住址：国名 國家名　都市名 城市名　職業／職業
旅券番号／護照號碼　航空機便名・船名／抵達航班號　乗機地／登機地
渡航目的／訪問目的：□観光 觀光　□商用 商務　□親族訪問 探親　□トランジット 轉機　□その他 其他目的（　）
日本滞在予定期間／滯留預定期限：年度年　月份月　日期日
日本の連絡先／在日本的聯絡處　TEL 電話號碼

裏面を見てください。請看背面→

KA11D269136021

Step 2 入境审查

在入境大厅，依照身份依序排队，向海关人员出示护照和入境卡，并在指纹辨识系统上按上双手食指，拍摄脸部照片，等候海关人员盖章和粘贴“上陆许可证”即可，有时海关人员会询问简单的问题，大多为搭乘班机、来日目的、预订停留天数等，只要照实回答即可，不需紧张。

Step 3 领取行李

通过审查后，就前往“手荷物受取所”，通常同时间会有多趟班机抵达，先在电视屏幕上寻找自己所搭乘的班机，确认该班机行李转台，并前往等候领取行李。

Step 4 海关检查

领到行李后，若有物品需申报，则走红色区域，交证明文件和接受检疫；若无则走绿色区域，交行李申报单后则可出境。

Step 5 进入市区

接着选择要搭乘巴士、电车或计程车进入市区，买票后确认发车时间，开始愉快的京都之旅。

图片提供／hetgallery

机场对外交通

轻松往来机场与市区

从关西机场前往京都，可搭乘电车和巴士或计程车等。而由于关西地区为日本各家私铁盛行地区，除了日本的国铁 JR 外，还有各家铁路公司营运，可在其中选择最符合自己行程及时间的方式前往京都。

1 关西国际机场→京都市区

距离京都府最近的国际机场为大阪关西国际机场，距离京都市市区约90公里，为一座完全靠填海造地而成的机场，全日本第二大国际机场，也是京阪神地区主要的联外机场。机场建筑分为第一航厦和第二航厦，其中第二航厦为专门提供给廉价航空公司的班机所使用。

● **关西国际机场**

http://www.kansai-airport.or.jp/tw/index.asp

图片提供 / heigallery

电车

●JR西日本

若想直达京都车站，最快的方式是到第一航厦的2楼，去乘坐JR特急列车HARUKA(はるか)号，多数班次的终点站为“京都车站”，部分班次则延伸至“米原”，因为是往返于机场之间的班车，有可摆放行李的地方，不用担心空间不足的问题。车程时间约80～90分钟，自由席的票价为基本车资1830日元，加上特急券940日元，总共2770日元。但仅限外国观光客购买的ONE DAY PASS可乘坐HARUKA(はるか)号，一张只要2000日元，比直接购买JR车票划算。当然也可以先搭乘JR到大阪市内，再换车前往“京都车站”，但因无法直达，至少须换车一次以上，在携带大型行李的状况下，并不建议这样做。

图片提供 / takumi.412

●关西机场直达京都车站JR特急列车HARUKA（はるか）时刻表

车次	关西机场发车时间	京都车站抵达时间
特急　　2号	06:00	08:03
特急　　4号	07:27	09:02
特急　　6号	07:55	09:31
特急　　8号	08:46	10:02
特急　　10号	09:16	10:31
特急　　12号	09:46	11:01
特急　　14号	10:16	11:31
特急　　16号	11:16	12:31
特急　　18号	12:16	13:31
特急　　20号	13:16	14:31
特急　　22号	14:16	15:31
特急　　24号	15:16	16:32
特急　　26号	16:16	17:32
特急　　28号	16:46	18:02
特急　　30号	17:16	18:32

备注：以上仅列出部分班次。

● **JR西日本**http://www.jr-odekake.net/

●南海电气铁道

南海电气铁道的搭乘地点就在JR西日本的旁边，非常好辨识。搭乘南海空港急行列车到“天下茶屋站”，车资890日元，车程约需43分钟，每约15分钟就有一个车次，相当频繁。之后再去换搭阪急电铁的“京都线”，才能抵达终点站的“河原町”，车资660日元，车程约需60分钟。虽然车资较便宜，但因为需转乘且耗时，一般来说较不推荐此种交通方式。

● **南海电气铁道**http://www.nankai.co.jp/traffic/kix/

● **阪急电铁**http://rail.hankyu.co.jp/ch/

图片提供／Hyougushi

图片提供／Richard, enjoy my life!

利木津巴士

从关西国际机场搭乘巴士前往各大都市也十分方便，若班机抵达处为第一航厦者，则可至1楼的8号月台搭乘开往京都的巴士；若是抵达第二航厦者，则可至1楼的1号月台搭乘巴士前往京都。巴士车程约100分钟，车资为2500日元。

图片提供／Richard, enjoy my life!

图片提供／Richard, enjoy my life!

利木津巴士发车时刻表

关西机场第二航厦	关西机场第一航厦	京田边高速公路	京都车站
—	08:40	09:48	10:08
08:55	09:10	10:18	10:38
—	09:30	10:38	10:58
09:55	10:10	11:48	12:08
10:25	10:40	12:18	12:38
10:55	11:10	12:18	12:38
—	11:30	12:38	12:58
11:45	12:00	13:08	13:28
12:15	12:30	13:38	13:58
12:45	13:00	14:08	14:28
—	13:30	14:38	14:58
13:45	14:00	15:08	15:28
14:20	14:35	15:43	16:03
14:55	15:10	16:18	16:38
15:30	15:45	16:53	17:13
16:05	16:20	17:28	17:48
16:40	16:55	18:03	18:23
17:15	17:30	18:38	18:58

备注：以上仅列出部分班次。

关西机场交通株式会社http://www.kate.co.jp/pc/index_h.html

自驾车

自阪神高速公路抵达机场前，会先经过一个收费口，轻型车辆收费900日元，小型车辆收费700日元，中型车辆收费1100日元。除此之外，机场内停车费的计算如下：30分钟内免费，之后每15分钟则收费100日元，24小时以内收费上限为2500日元。

计程车

可在关西国际机场第一航厦的1楼搭乘计程车，搭往关西各地有固定费率，但联络桥和高速公路通行费另计，前往京都车站约需120分钟，收费约为32 000日元。除了自行包车外，京都现在有两家计程车行提供DOOR TO DOOR的共乘服务，分别为MK TAXI和yasaka taxi，每人收费3500日元，就可享有关西国际机场往返旅馆的服务，因部分地区无法受理，须事先预约，可上https://shuttle.mk-group.co.jp/和http://www.yasaka.jp/taxi/shuttle/查询详情。

图片提供／MShades

图片提供／MShades

KYOTO Skygate shuttle(MK TAXI)

KYOTO Skygate shuttle(MK TAXI)(スカイゲイトシャトル)位于关西机场第一航厦国际线入境大厅1楼，接待柜台位于南出口H附近，主要是关西机场往返京都、神户及大阪伊丹机场的接送服务。关西机场往京都市内最早发车时间是07:00~07:30间，国际线最晚发车时间是22:45，国内线是22:55，从京都到关西机场营运时间是06:00~22:00。

图片提供／shuttle.mk-group.co.jp

可上网或电话预约：https://shuttle.mk-group.co.jp/kyoto/index.html；接待柜台(MKシャトルデスク)075-778-5489(08:30~20:00)，客服中心(MKコールセンター)075-778-4141(20:00~8:30)。

● KYOTO Skygate shuttle单程费用

KYOTO Skygate shuttle	接送区域	乘车费用	行李费用
关西机场→京都	京都市（右京区、北区、左京区、伏见区）、向日市、长冈京市、乙训郡、城阳市、宇治市（一部分除外）、久世郡、八幡市	3500日元	1000日元
京都→伊丹机场	京都市（右京区、北区、左京区、伏见区）、向日市、长冈京市、乙训郡、城阳市、宇治市（一部分除外）、久世郡、八幡市	2300日元	500日元

注：行李费用一个以下免费，第二个以上另外计费。

● KYOTO Skygate shuttle优惠

优惠项目	关西机场	伊丹机场	内　容
网络预约折扣	200日元	100日元	在https://shuttle.mk-group.co.jp/kyoto/index.html网站预约成功者
来回优惠折扣	100日元(单程)		来回均预约者享200日元优惠
团体优惠折扣	每人200日元	每人100日元	3人以上同一往返地
家族优惠折扣	6岁至12岁以下孩童半价		家族优惠孩童人数占全体1/2以下则可享此优惠，享有半价优惠者不得与其他优惠共同使用

京都府内交通

善用交通工具轻松玩

1 关西电车系统

关西地区除了新干线和JR西日本铁道之外，私铁盛行，保存有地面电车，三大城市（京都、大阪、神户）并已完成地铁系统的建设，可利用的交通工具很多，以下就这几种方式简单做个介绍。

JR新干线及铁道系统

新干线为全日本最快的铁道系统，经过关西地区的为东海道新干线和山阳新干线两条，前者起讫点为“东京车站”至“新大阪车站”，后者起讫点为“新大阪车站”至“博多车站”，虽然是由JR集团运作，但系统各自独立。除了新干线，关西地区隶属于JR西日本集团，列车种类分为特急、急行、快速／新快速和普通几种，车资的话除了最基本的乘车券外，视所搭乘的车种需再加购特急券和急行券，若想选择指定席，也要另付指定席券（包括GREEN车厢、卧铺列车或部分观光列车）。有一般周游券和西日本JR PASS可购买。

图片提供／macglee

图片提供／kimubert

私铁系统

图片提供／Kentaro Ohno

关西地区的私铁众多且历史悠久，主要有南海电铁、阪神电车、阪急电铁、山阳电铁等十多家，部分私铁横跨2个县市以上，列车间距短、停靠点多，是通勤族和旅客的好伙伴。到京都旅游时可能会利用私铁的状况如下：搭乘“南海电铁”往返于关西国际机场与大阪之间；搭乘“京阪电车”往返于大阪与京都之间；搭乘“近铁电车”往返于大阪、奈良与京都之间；搭乘“阪急电车”往返于大阪、神户与京都之间等，利用的机会十分频繁。各家皆有贩售自家公司的一日游票券，也有加入交通联盟的优惠方案供游客比较。

地面电车

地面电车不同于私铁，速度较慢，须遵守路面的交通规则，但对于想认识一个城市面貌来说，是个不错的交通工具。关西地区的地面电车不多，仅有“京阪电车”的滋贺线至大津线，“京福电车”的京都府至岚山，以及“阪电车”的大阪府至三条。

图片提供／海尔渥／Hairworm

地铁

图片提供／海尔渥／Hairworm

地铁通常隶属于各市交通局管理。京都府内有两条地铁路线，一为东西向，名称就叫“东西线”，起讫站为“六地藏”至“太秦天神川”；另一条为南北向，名称叫作“乌丸线”，起讫站为“国际会馆”至“竹田”，路线和颜色都非常好辨别。搭乘车资以210日元起算，视距离收费，最多至340日元。京都市交通局有发售地铁一日券可无限次搭乘，售价为600日元，也有发售巴士和地铁共同的乘车券，一日券为1200日元，二日券为2000日元。

2 关西交通票券

初到关西地区的旅客，光为了弄懂交通路线，经常是一个头两个大。为了能更快进入状态，将与京都相关、常用的电车交通票券简介如下。至于JR系统和多家私铁联盟的关西周游卡则放在下一个单元说明。

近铁广域五日周游券(KINTETSU RAIL PASS wide)

由近畿铁道发售，售价5700日元，包含关西国际机场到南海电铁“难波站”和中部国际机场到近铁“名古屋站”的往返车票各一张，可无限次搭乘近铁电车、伊贺铁道、三重交通巴士和鸟羽市海鸥巴士，并附有三张近铁特急券、十张观光优惠券。另有一般的五日周游券(KNTETSU RAIL PASS)，售价3700日元，差别在于不可往返于机场之间、无限次使用相关巴士和没有赠送优惠券。发售对象为限短期停留的外国观光客或居住于海外的持有日本国籍者，可在当地代理之旅行社或关西国际机场、中部国际机场购得。

● **参考网页**：http://www.kintetsu.co.jp/foreign/chinese-han/useful/ticket/rpw1-krpw.html

京都观光一日(二日)乘车券

由京都市交通局发售，一日券的售价为1200日元，二日券的售价为2000日元，可无限次搭乘京都巴士、京都地铁和京都巴士。和巴士一日券相较，除了还可以搭乘地铁外，有效范围较远，甚至可抵达大原、岚山等地。在巴士站、旅游咨询中心、地铁站，甚至合作的旅馆柜台都可购得。

● **参考网页**：http://www.city.kyoto.lg.jp/kotsu/page/0000028378.html

京都观光一日乘车券(京めぐり)

由近畿铁道发售，售价分为1800日元和2100日元两种(可搭乘的近铁路线不同)，和京都市交通局、京都巴士合作，可无限次搭乘近铁(部分路线)、京都市巴士、地铁和京都巴士。在近铁相关车站可以购买。

● **参考网页**：http://www.kintetsu.co.jp/senden/Railway/Ticket/kyo_meguri/index.html

映画村·岚山嵯峨野回游乘车券

由京都巴士发售，售价为2400日元，两天内可连续无限往返于映画村和岚山之间，附赠一张东映太秦映画村门票(2200日元)。可以在京都巴士岚山营业所和京都车站售票中心购买。

● **参考网页**：http://www.kyotobus.jp/route/fare/discount/free/post-9.html

宇治·伏见·八幡一日券

由京阪电车发售，售价为600日元，可无限乘坐“八幡市站”至“丹波桥站”、“中书岛站”至“宇治站”以及“八幡市站”至“男山山上站”，并在途中30个观光地点或商店享有消费优惠。可在京阪电车沿线车站购买。

● **参考网页**：http://www.keihan.co.jp/traffic/valueticket/ticket/ujifushimiyawata_2013/

奈良·斑鸠一日券

由近畿铁道与其他交通设施合作所共同推出的票券，售价为1600~2700日元，可无限次搭乘各社局指定区间、近铁指定区间和奈良巴士指定区间，为前往奈良旅游时最常利用的票券。可在近畿铁道和合作的交通设施各站购买，要注意的是，在奈良当地无法购买。

● **参考网页**：http://www.kintetsu.co.jp/senden/Railway/Ticket/ikaruga/index.htm

3 周游券比一比

若要搭乘较长途路线的铁道，建议购买日本铁路周游券(JR Pass)或JR西日本铁路周游券，两者的发行公司和使用方式皆不同，且JR西日本公司针对使用区域有发售不同票券，现针对在京都地区可能使用到的部分说明如下。

● **JR西日本周游券比较表**

票券名称	使用范围	身份限制	购买方式	票种	价格
日本铁路周游券	全日本的JR铁道、巴士或渡轮，除特定JR路线外(例如山阳新干线)	持短期观光签证之外国旅客	需在国外之合作旅行社或代理商处购买，持券至日本境内兑换	7日券	28 300日元
				14日券	45 100日元
				21日券	57 700日元
				5日券	19 500日元
				7日券	22 000日元
				任选4日券	19 500日元
关西地区周游券	京都、大阪、神户、奈良、姬路地区(不可搭乘新干线)	持短期观光签证之外国旅客	1.在国外代理商处购买兑换券 2.在JR西日本的网站上预约 3.在JR西日本的售票口购买	1日券	2000日元
				2日券	4000日元
				3日券	5000日元
				4日券	6000日元
关西广域地区周游券	关西地区(京阪神)至关西国际机场、滋贺、敦贺、冈山等地区的列车(含山阳新干线)	持短期观光签证之外国旅客	1.在国外代理商处购买兑换券 2.在JR西日本的网站上预约 3.在JR西日本的售票口购买	4日券	7000日元
关西广域地区周游券(名侦探柯南·城崎温泉周游券)	关西地区(京阪神)至关西国际机场、滋贺、敦贺、冈山等地区的列车(含部分山阳新干线)	持短期观光签证之外国旅客	在韩国或中国代理商处购买兑换券，至关西国际机场换票	5日券	8000日元
山阳地区周游券	大阪、京都、奈良、冈山、广岛、博多(福冈)地区(含山阳新干线、宫岛渡轮)	持短期观光签证之外国旅客	1.在国外代理商处购买兑换券 2.在JR西日本的网站上预约 3.在JR西日本的售票口购买	4日券	20 000日元
				8日券	80 000日元

备注：1.以上标示者，均为成人之普通车厢票价，若想得知儿童或特等车厢票价，可上网查询。
2.除“任选4日畅游券”为自购买日起10天内，可选择4日使用(日期可不连续)外，其他票券均为指定开始日起连续使用之天数。
3.关西广域地区周游券(名侦探柯南·城崎温泉周游券)为季节限定商品，发售日期可上网查询。

● **参考网页**：Japan Rail Pass网站 http://www.japanrailpass.net/zh/zh001.html
JR西日本网站 http://www.westjr.co.jp/global/tc/

除了JR系统所发售的周游券外，为推广观光，关西地区常用的周游券还有“KANSAI THRU PASS”(简称KTP，即关西周游卡)，加盟的公司约有40家，有效期限内可不限次数乘车，并在多达350个观光地点或商店享有消费优惠，十分划算。

● 关西周游卡使用方式

票券名称	使用范围	身份限制	购买方式	票种	价格
关西周游卡(KTP)	京都、奈良、大阪、神户、和歌山、姬路、大津等关西地区的私铁、地铁和市内巴士(部分路线不可乘坐)	1. 持短期观光签证之外国旅客 2. 居住在海外而持有日本国籍者	1. 在国外代理商处购买 2. 在关西地区的指定地点购买	2日券	3800日元
				3日券	5000日元

备注：在有效期限内，可不连续使用该票券，例如购买三日券者，可在有效期限内的周一、周二、周四使用。

若是选择在日本境内购入车票，请注意该联盟也有发售关西版和通用版的票券，是提供给居住在日本的居民购买，除了票券外观不同，最大的差异点在于是否规定须连续天数使用票卡，需小心不要买错。

● **参考网页**：SURUTO KANSAI网站 http://www.surutto.com/tickets/kansai_thru_hantaiji.html

4 公交车/观光巴士

图片提供／MShades

在京都旅游时常会利用到公交车，常见的有市营巴士、京都巴士、京阪巴士等几家公司，搭乘方式为后门上车、前门下车(单一车门的车型除外)，可使用现金、储值卡、回数票、交通票券(例如巴士一日券、KTP等)。收费方式分为两种：一为全程单一价格(包括均一系统、循环系统、洛巴士、100元循环巴士、夜晚巴士，除了100日元循环巴士外，其余收费均为220日元)；二为多区间调整价格（上车时抽取整理券，下车时缴回，视行走距离收费）。京都市交通局发售有市公交车一日乘车券，每张500日元，可在有效期内无限次数搭乘京都市公交车，但不可搭乘京都巴士、京阪巴士和观光巴士等。另也有发售京都观光乘车券，可无限搭乘市公车、地铁和京都巴士，一日券为1200日元，二日券为2000日元。除了路线巴士外，京都市交通局和京阪巴士亦共同经营观光巴士，提供英语、汉语、朝鲜语的服务，有半日行程、一日行程、主题行程和夜晚行程等多种内容，收费为2000~9000日元，无论旅客想要在旅途中了解寺庙传统、探索文化遗产、体验京都文明、城市夜晚探险等，都有适合的路线可以挑选。

● **参考网页：京都定期观光巴士网站**http://www.kyoto-regulartourbus.com/t/course/index.html

5 计程车

京都府的计程车分为小型和中型，一般起跳价格为600~650日元（视车型和车行等略有不同），前2公里为基本价，之后以80日元的价格开始跳表，若为深夜搭乘，或是行走路线有经过高速公路，都需另外加价。虽然搭乘计程车的价格较其他交通工具昂贵，但若人数为2~3人、行李较多时，也不失为一个好方式。

部分车行也提供观光计程车的服务，有多条路线可以选择，例如行经金阁寺、银阁寺、平安神宫和清水寺，车程约4小时，4人座的小型计程车收费14 640日元，若经济状况允许，想依自己的需求设定京都观光路线的安排，或许可以考虑这个方式。

图片提供／padraic Collins

京都往其他关西地区交通

畅游关西地区

1 大阪

图片提供／IvanWalsh.com

京都与大阪距离约50公里，当天可往返，距离京都最近的关西国际机场就位于大阪，因此旅客通常会在一开始或行程的最后安排大阪市区观光行程。大阪向来有“天下厨房”的美称，搞笑文化蓬勃，又有各大品牌和商场的聚集，无论是想满足旅客哪方面的需求，来到大阪绝对不会令人失望。从京都前往大阪十分便利，有多种交通路线可供选择，且起迄点不同，旅客可视自己所投宿的旅馆地点，以及预计前往大阪的目地点，来选择交通方式。

●京都前往大阪交通方式

出发地	抵达地	搭乘车种	车程(分钟)	票价(日元)	备注
京都	大阪	JR新快速列车	28	540	自由席
京都	大阪	JR特急列车	27	1170	自由席
京都	新大阪	JR新干线	14	1380	自由席
京都	近铁难波	近铁急行列车	80	920	需在“大和西大站”换乘
河原町	梅田	阪急电铁	48	390	
出町柳	淀屋桥	京阪电铁	59	460	需在“京桥站”换乘

图片提供／red_trela

2 神户

京都与神户距离约70公里，中间隔着大阪市，但城市风貌与京都、大阪截然不同。神户临海，可观赏到美丽的海景，夜晚的璀璨景致也吸引不少游客前去。加上神户为日本早期开放通商的港商之一。这边的居民对于新事物的接受度极高，现在仍保有许多异国风情的建筑，漫步其间，仿佛来到欧洲一般，还可品尝美味神户牛肉，并能逛逛许多新开发的购物中心，因此受到旅客的喜爱。前往神户旅游，通常会安排与大阪一起，以节省来回车程，另外在规划交通方式时，需特别注意的是，神户的主要观光景点商业区，并不位于神户车站周围。

●京都往神户交通方式

出发地	抵达地	搭乘车种	车程(分钟)	票价(日元)	备注
京都	神户	JR新快速列车	56	1500	自由席
京都	新神户	JR新干线	29	2730	自由席
河原町	三宫	阪急电铁	79	600	需在“十三站”换乘

3 奈良

京都与奈良距离约40公里，是日本迁都至京都前的首都，区内的法隆寺、东大寺、春日大社等都颇具看头，其气势更非一般的神社或寺庙可以相媲美。若是觉得对于建筑已经看倦了，这边还有很愿意亲近人的鹿，可以购买仙贝给予喂食，或是到一般观光客不会前往的古坟区，一探究竟。前往奈良的旅客，最常利用的票券是“奈良·班鸠一日券”，可享有各发售区、近铁电车、奈良巴士等三大区域的无限次搭乘，价格视发售区而有所不同，若购买京都市营地铁版本，售价1600日元，享有当日京都地铁、近铁电车和奈良巴士的无限次搭乘。各区价格和使用范围可到http://www.kintetsu.co.jp/senden/Railway/Ticket/ikaruga/index.html查询。

出发地	抵达地	搭乘车种	车程(分钟)	票价(日元)
京都	奈良	JR普通车	60	690
京都	近铁奈良	近铁急行列车	52	610

● **参考网页：JR西日本** http://www.westjr.co.jp/global/tc/

近畿日本铁道(通称近铁) http://www.kintetsu.co.jp/foreign/chinese-han/index.html

阪急电铁 http://rail.hankyu.co.jp/ch/ **京阪电铁** http://www.keihan.co.jp/tcn/

4 滋贺

京都府与滋贺县看似很远，其实从京都车站搭电车最快只要10分钟就可抵达滋贺县的滨大津。滋贺县最有名的莫过于占了全县1/6、日本面积最大及蓄水量最大的“琵琶湖”，与邻近的京都共享“琵琶湖疏水”计划让琵琶湖享有盛名，湖水经由濑田川、宇治川及淀川流至大阪湾，是京阪神的水源地。

连接京都与滋贺县滨大津的京阪电车京津线经过滋贺县内的路面电车、滋贺与京都间逢山的岬口(逢坂の関)的登山电车及京都地铁，是日本唯一结合路面电车、登山电车及地下铁的电车线，沿途风景的变化值得一看。

出发地	抵达地	搭乘车种	车程(分钟)	票价(日元)
京都	大津	JR琵琶湖线(长滨行)	10	190
京都	滨大津 转乘站：山科／京阪山科	JR琵琶湖线(米原行) 京阪京津线(滨大津行)	22	410

Tip 琵琶湖疏水

随着天皇迁都，京都的人口流失、产业衰微，当时的京都府知事为了振兴产业，便推动了琵琶湖（位于滋贺县）疏水计划，将湖水引进京都，作为灌溉、水运等用途。该计划的灵魂人物是田边朔郎，他后来访美获得灵感，导入水力发电的用途，兴建了蹴上发电所，日后也推动了电力铁道的运转。春秋两季，水道两侧也有樱花和枫叶可赏。

京都铁道路线图

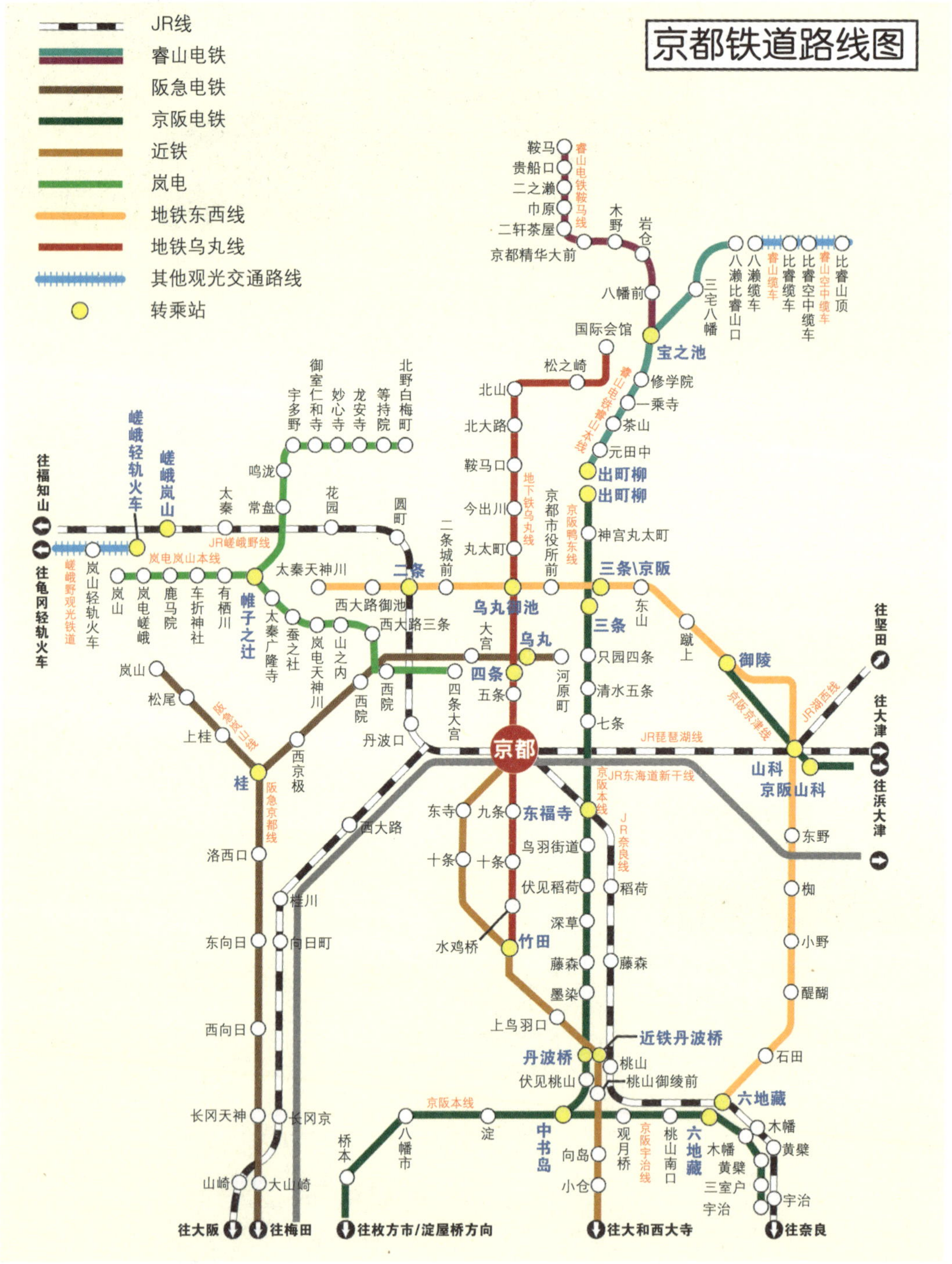
JR线
睿山电铁
阪急电铁
京阪电铁
近铁
岚电
地铁东西线
地铁乌丸线
其他观光交通路线
转乘站
鞍马
贵船口
二之濑
巾原
二轩茶屋
京都精华大前
木野
岩仓
睿山电铁鞍马线
八幡前
宝之池
国际会馆
松之崎
修学院
一乘寺
茶山
元田中
出町柳
睿山电铁睿山本线
三宅八幡
八濑比睿山口
八濑缆车
比睿缆车
比睿空中缆车
比睿山顶
睿山缆车
睿山空中缆车
北山
北大路
鞍马口
今出川
丸太町
地下铁乌丸线
京都市役所前
京阪鸭东线
神宫丸太町
三条\京阪
三条
东山
蹴上
御陵
往坚田
JR湖西线
往大津
往浜大津
山科
京阪山科
京阪京津线
JR琵琶湖线
东野
椥
小野
醍醐
石田
六地藏
木幡
黄檗
宇治
往奈良
宇多野
御室仁和寺
妙心寺
龙安寺
等持院
北野白梅町
鸣泷
常盘
太秦
花园
圆町
嵯峨岚山
嵯峨轻轨火车
往福知山
往龟冈轻轨火车
嵯峨野观光铁道
JR嵯峨野线
岚电岚山本线
岚山轻轨火车
岚山
岚电嵯峨
鹿马院
车折神社
有栖川
帷子之辻
太秦天神川
二条
二条城前
乌丸御池
西大路御池
太秦广隆寺
蚕之社
岚电天神川
山之内
西大路三条
大宫
乌丸
四条
河原町
只园四条
清水五条
七条
五条
四条大宫
西院
丹波口
京都
西京极
岚山
松尾
上桂
阪急岚山线
桂
阪急京都线
洛西口
东向日
西向日
长冈天神
大山崎
往梅田
西大路
桂川
向日町
长冈京
山崎
往大阪
东寺
九条
东福寺
京阪本线
JR东海道新干线
JR奈良线
十条
十条
乌羽街道
稻荷
伏见稻荷
深草
水鸡桥
竹田
藤森
藤森
墨染
上鸟羽口
近铁丹波桥
丹波桥
桃山
伏见桃山
桃山御绫前
京阪本线
八幡市
桥本
淀
中书岛
向岛
小仓
观月桥
京阪宇治线
桃山南口
六地藏
木幡
黄檗
三室户
宇治
往枚方市/淀屋桥方向
往大和西大寺

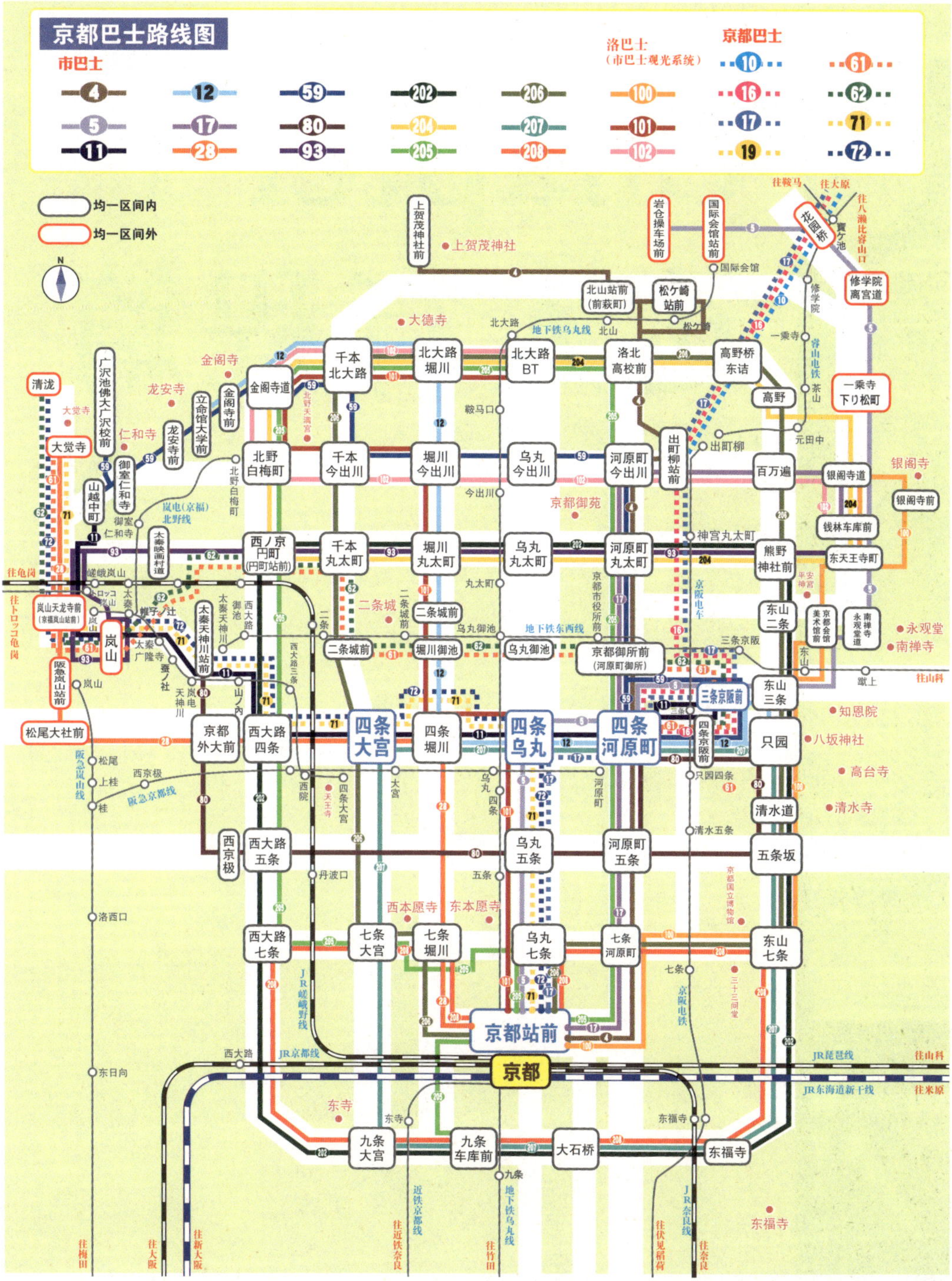

京都巴士路线图
市巴士
4 5 11 12 17 28 59 80 93 202 204 205 206 207 208
洛巴士
（市巴士观光系统）
100 101 102
京都巴士
10 16 17 19 61 62 71 72
均一区间内
均一区间外
N
往鞍马
往大原
往八瀬比叡山口
花园桥
宝ケ池
修学院离宫道
修学院
一乗寺下り松町
一乗寺
岩仓操车场前
国际会馆站前
国际会馆
上贺茂神社前
上贺茂神社
北山站前（前萩町）
松ケ崎站前
松ケ崎
北山
北大路
地下铁乌丸线
大德寺
金阁寺
龙安寺
仁和寺
清泷
大觉寺
广沢池佛大广沢校前
金阁寺前
立命馆大学前
金阁寺道
龙安寺前
御室仁和寺
山越中町
千本北大路
北大路堀川
北大路BT
洛北高校前
高野桥东诘
高野
茶山
元田中
出町柳
出町柳站前
叡山电铁
北野白梅町
千本今出川
堀川今出川
乌丸今出川
河原町今出川
百万遍
银阁寺道
银阁寺前
银阁寺
钱林车库前
北野天满宫
鞍马口
今出川
京都御苑
神宫丸太町
岚电（京福）北野线
太秦映画村道
西ノ京円町（円町站前）
千本丸太町
堀川丸太町
乌丸丸太町
河原町丸太町
熊野神社前
东天王寺町
平安神宫
丸太町
二条城
二条城前
二条
乌丸御池
地下铁东西线
京都市役所前
京阪电车
东山二条
京都美术馆会馆前
永观堂道
南禅寺
永观堂
南禅寺
三条京阪
东山三条
蹴上
往山科
知恩院
八坂神社
往龟冈
往トロッコ龟冈
岚山天龙寺前（京福岚山站前）
岚山
嵯峨岚山
太秦广隆寺
太秦天神川站前
雉子ノ社
蚕ノ社
天神川
岚电
阪急岚山站前
松尾大社前
京都外大前
西大路四条
四条大宫
四条堀川
四条乌丸
四条河原町
四条京阪前
只园
只园四条
高台寺
清水寺
清水道
清水五条
西院
大宫
乌丸
河原町
四条大宫
壬生寺
山ノ内
西大路三条
阪急岚山线
松尾
上桂
桂
西京极
阪急京都线
西京极
西大路五条
丹波口
乌丸五条
河原町五条
五条坂
五条
京都国立博物馆
西本愿寺
东本愿寺
西大路七条
七条大宫
七条堀川
乌丸七条
七条河原町
东山七条
七条
三十三间堂
洛西口
JR嵯峨野线
京阪电铁
京都站前
京都
西大路
JR京都线
JR琵琶线
JR东海道新干线
往山科
往米原
东日向
东寺
东福寺
九条大宫
九条车库前
大石桥
东福寺
九条
近铁京都线
地下铁乌丸线
JR奈良线
往梅田
往大阪
往新大阪
往近铁奈良
往竹田
往伏见稻荷
往奈良

Chapter 4

达人行程篇

行程1 京都时尚购物3日游

>> 京都车站、JR京都伊势丹百货、拉面小路、The Cube、Porta地下街、KYOTO AVANTI、AEON MALL KYOTO、友都八喜、河原町通、四条通、乌丸通、Kyouen

京都除了是历史文化之都，在购物机能方面也是日本TOP级。不管是和风小物手信、流行精品或是赴日必买的药妆、电器商品都可以在京都买个过瘾。在游走于古都寺庙之余，也不用放弃购物乐趣。

3日行程怎么玩

Day 1

● 京都车站→京都市观光案内所→JR京都伊势丹百货→空中走廊→京都拉面小路→The Cube专门店街→Porta地下街

当抵达**京都车站**的那刻，其实已经身处京都最新颖的大型购物商城。首先前往京都车站2楼的**“京都总合观光案内所”**收集旅游资料以及进行咨询；接着登上京都车站的象征标的物、延伸至10楼的壮观“大阶梯”，感受不同于古都风情的现代化摩登京都，楼梯的两侧则是伊势丹百货，网罗世界各地知名品牌，不论是名牌配件服饰或是日式趣味杂货都能买个过瘾，顶楼的**空中走廊**是绝佳的瞭望地点；肚子饿了就到10楼聚集日本各地拉面的**“京都拉面小路”**或是11楼的美食广场享用经典日式美食。

稍作休息后搭乘电梯直达B1、B2的**“The Cube”**专门店街，B1贩售的全是和果子、京渍物、茶和杂货等日式商品，B2则是淑女服饰精品小物等商品，让人深陷其中、无法自拔。

从京都车站的地下街可直接通到南口的京都站前**地下街“Porta”**，约110个摊位以女性服饰杂货以及饮食为主，另也有国民天牌UNIQLO以及药妆店、书局，不仅目不暇接、更可以买得开心。

图片提供／Ryosuke Yagi

Day 2 ● KYOTO AVANTI→AEON MALL KYOTO→京都友都八喜(ヨドバシ)

第2天早上10点先来到**KYOTO AVANTI**，此处有许多淑女的平价服饰，5楼还有UNIQLO的平价副牌g.u.，可以大买更平价版UNIQLO。

接着前往今天的主战场、号称全京都最大的购物商城“**AEON MALL**”，除了许多流行服饰饰品商店进驻外，举凡日常会用到的生活杂货在此也一应俱全，更有大型无印良品、Gap、百元商店以及全京都最大级UNIQLO与大垣书局，逛到饿了4楼也有选择丰富的美食街，绝对是买到手软的最佳选择。

最后一站是海内外知名、营业时间到晚上10点的大型电器电脑卖场“**京都友都八喜**”(**ヨドバシ**)，B1～3F是大型电器街，趁此机会搜刮购物清单中的电器后，转战4～5F的名店街，以男女休闲服饰居多，不可免俗的仍然出现UNIQLO，在4F还有DHC直营店、6F则有大垣书局以及餐厅能够供消磨时间。

Day 3 ● 河原町通→四条通→乌丸通→Kyouen

图片提供／Lordcolus

第3天的目标是京都最重要、最热闹的购物街**四条河原町**，大型的百货公司虽然只有大丸百货、藤井大丸、高岛屋、0101，但却充斥各种路面店，是亲近当地文化的轧马路好地方。

规划整齐的街道上成天热闹充斥着日本海内外的游客，商店除了贩卖流行服饰之外，更有许多充满京都风情，适合拿来当手信的日式花布制品、京都的必买食物京渍物及甜点八桥。商店的设计有现代时尚亦有日式京风，即使是window shopping也很有趣，当然此处也是饮食店的兵家必争之地，摩登的轻食咖啡店是年轻女孩的最爱，京都必吃的抹茶圣代名店也多在前往八坂神社的路上。贩卖抹茶为主的辻利附设的茶寮“都路里”飘出的浓郁茶香引人驻足，也是京都最受欢迎的抹茶圣代店，另外邻近的“祇园きなな”以及“祇园小石”也都是名店，所有的甜食店的共同特色就是大排长龙，若是团体行动则可轮流排队，节约时间。

接着前往深受当地人喜爱的“**新京极商店街**”以及“**锦市场**”，前者是京都最热门的商店街，分为流行、京土产、饮食、专门店等商店，是购买药妆、土产，以及感受当地气氛的好选择。锦市场则是京都人的厨房，贩卖各式食材，能够看到当地的生活面，当然也贩卖可以即食的食物，也有当地的小食堂。

¥ 本行程预算

交通费	10 000日元
住宿费	16 000日元
饮食费	8500日元
杂支	30 000日元
总计	**64 500日元**

行程2 地铁经典4日游

>> 京都塔、西本愿寺、锦市场、京都艺术中心、八坂神社、京都御所、西阵织会馆、金阁寺、二条城、京都国际漫画博物馆、先斗町与木屋町、花见小路、清水寺、宁宁之道

京都的主要移动大众工具是公交车以及地铁，对于初来乍到的观光客，比起与不熟悉地理位置的公交车站周旋、搭乘地铁是比较容易在计划时把握地理位置、轻松畅游古都的方法。

4日行程怎么玩

Day 1

● （地铁乌丸线）

京都站：京都车站→京都塔→（1.3公里）西本愿寺→（1.4km）东本愿寺（涉成园）

四条站：大丸百货→锦市场→京都艺术中心→八坂神社

从**京都车站**出发，参观全国最豪华的**京都车站**后，步行5分钟前往京都新地标“**京都塔**”，从高处360°瞭望古都的景色，随即步行10分钟前往西本愿寺，这里拥有许多国宝，包括“唐门”、“飞云阁”、“鸿之间”、“雁之间”、“菊之间”、“白书院”、“黑书院”、“北能舞台”、“亲鸾圣人影像、镜之御影”、“三十六人家集”，可谓国宝的宝库，**西本愿寺**本身也被列为世界文化遗产。

接着步行约1.4公里抵达**东本愿寺**，东本愿寺号称是全世界最大的木造建筑，占地比西本愿寺稍大。不过东西两本愿寺通常都会有一边是维修中的状态。可前往东本愿寺对面拥有“十景”的“涉成园”，此处是东本愿寺的飞地境内地(别邸)，四时盛开不同的花朵，四季不同的景色被评为“十三胜”或“十景”。

四条站

接着搭乘地铁到四条站，此处是京都最热闹的购物中心，下车后先逛逛**大丸百货**，再前往京都市民的厨房**锦市场**，深入京都人的饮食生活。喜欢艺术欣赏的人接下来别错过“**何必馆·京都现代美术馆**”，除西方艺术外，也有许多日式艺术品以及艺术空间。欣赏完艺术品后前往本日最后一站的**八坂神社**，红色的建筑显得色彩鲜艳，里面还有求变美的神社，爱美的女性别错过。除了日景美丽之外，夜景也很不错，可以在四条通用过晚餐以后继续欣赏点灯后的夜景。

Day
2

● (地铁乌丸线)
北山站：神马堂→上贺茂神社→京都府立陶版名画庭园
今出川站：京都御所→下鸭神社→晴明神社→西阵织会馆
鞍马口站：金阁寺→大德寺→北大路站

北山站

第2天一早先抵达**北山站**，步行1.7公里后抵达上贺茂神社旁十分有名的葵饼专卖店“**神马堂**”，以麻糬包裹甜而不腻的红豆馅再后烧烤，开店以后经常大排长龙，未免耽误之后行程，就趁较少人的早上购买。

现买现吃好吃的葵饼后，前往隔壁的世界文化遗产“**上贺茂神社**”，此处有与下鸭神社合办京都三大祭之一的“葵祭”，一年12个月份还有不同的祭典可以看，不妨参考神社的行事历决定前往的日期。细殿前的立砂是神社的特色，且神社保留许多1628年兴建的建筑物，是国家指定的重要文化财。

之后往地铁北山站前进，参观车站旁的“**陶版名画庭园**”，现代化的摩登庭园建筑里展示了包含《清明上河图》、《最后的晚餐》等八幅巨幅的陶版画。

今出川站

接着搭乘地铁前往**今出川站**，抵达京都御所(免费参观，但需先在网络上申请)。**京都御所**又称“京都皇宫”，是794—1868年迁都东京前的皇室居所，经过多次失火，目前已非原本的皇居，而是一处临时皇居的古迹，可从建筑以及庭院窥探当时皇居的规模。御所内不能自由参观，需于申请的时间及特定地点集合后，由专业的解说员统一介绍。包围着御所共65公顷的“京都御苑”则可自由参观。园内种植约5万棵树木，是市民重要的绿色空间。

接着前往步行约两公里的世界文化遗产“**下鸭神社**”(正式名称为“贺茂御祖神社”)。下鸭神社建设于平安时期之前，是国内最古老的神社之一，包括了求学业、姻缘、安产的“相生社”，求美貌的“河合神社”，求开运解厄的茶道之神“出云井于神社”以及求旅行交通安全的“祓社”，不论有什么需求，在此都能得到满足，包围着这些神社的糺の森约12公顷，春有梅樱，夏有紫阳花，秋有红叶，四时皆美。

回到今出川站后再步行1公里前往**晴明神社**，此处为日本的阴阳师祖师爷“安倍晴明”的住家址，因变更计划，占地已较原址小，近年因《阴阳师》这部作品的走红而涌入世界各地的香客。走出晴明神社后接着前往邻近的“**西阵织会馆**”，可以欣赏和服的走秀，还有师傅的编织秀，史料室展示了以往的织布机以及华丽的西阵织布料，在会馆内更有付费的和服或浴衣体验，可以尝试穿着正式和服进行古都散步。

鞍马口站

地铁之旅第三站前往“鞍马口”站至“**金阁寺**”。金阁寺正式名称为“鹿苑寺”，为足利义满的法号。大家所熟知的三层金色楼阁分别名为法水院、潮音洞以及究竟顶。寺院境内的池泉洄游式庭园被登记为国史迹，从镜湖池眺望金阁寺则是知名的绝景。离开金阁寺后步行约1.5公里前往“**大德寺**”，大德寺是日本屈指可数的大型禅宗寺院，与茶道也有很深的渊源。经历1467年起10年间的应仁之乱复兴后，倒是幸运没再发生过大火，因此寺内保留许多超越500年的文物及建筑，可说是国宝及重要文化财的宝库，错过可惜。

Day

3

● (地铁东西线)
二条城前站：二条城
乌丸御池：京都国际漫画博物馆→京都传统工艺馆

二条城前站

第三天第一站搭乘东西线前往二条城站前的**“二条城”**，曾是德川家康的寓所，并因德川庆喜在此举行了“大政奉还”的仪式而闻名，在此仿佛能感受到幕府时代的将军气势，更是幕府历史迷喜爱的景点之一。

乌丸御池站

接着前往**“乌丸御池”**站的**“京都国际漫画博物馆”(京都际マンガミュージアム)**，内含日本漫画的历史等丰富介绍展览、漫画家现场实际绘画，还有整面墙的漫画随人看，漫画迷必见。接着前往同一站的**“京都传统工艺馆”**，展示了京都足以向世界夸耀的传统工艺，也展示各种工艺的代表作家的作品，以及京都传统工艺学校学生的作品，另外，也可以见到职人的现场制作。

最后乘车前往最后一站“醍醐”站参观著名的“醍醐寺”。醍醐寺的历史始于874年，以丰臣秀吉举行“醍醐赏樱会”之地而知名，是京都最经典的赏樱景点。现存的建筑物则多为桃山时期所留存下来的国宝，尤其三宝院里以桃山时期的豪华袄绘装饰的葵之间、秋草之间、使之间，非常值得一看，而国宝五重塔建立于952年，是京都府内现存最老的木造建筑物。

Day 4

● **(地铁东西线)**

京都市役所前站：本能寺→先斗町与木屋町→鸭川→花见小路→建仁寺→八坂通→金刚寺→法观寺(八坂塔)→产宁坂(三年坂)→清水坂→清水寺(地主神社)→二年坂→宁宁之道(ねねの道)→高台寺→石小路→圆德院

京都市役所前站

地铁游第4天在“**京都市役所前**”站下车，首先前往以织田信长终焉之地以及本能寺之变闻名的“**本能寺**”，接下来沿着鸭川漫步石板小道**先斗町及木屋町**，回到大街后转入以吸油面纸闻名的京都名物化妆品“优佳雅”祇园本店，购物后漫步京都昔日有名花街“**花见小路**”，石板的道路上，至今也可见许多艺伎及有艺伎演出的高级料亭。花见小路的尽头是“**建仁寺**”，开山鼻祖荣西禅师同时也是日本的茶祖，去宋朝求道时将茶种带回，从此日本有了喝茶的风气。

接下来沿着八坂神社往左拐，经东大路通转往日本第三高的塔“**八坂塔**”，途中会经过挂着满山满谷的成串反绑布猴子的小寺庙“**金刚寺**”，因布料颜色不同，让寺院显得相当鲜艳。进入八坂塔的范围已可以感觉到人声鼎沸，一直延伸到清水寺都是人潮汹涌的热门景点，而当中已经过了有名的**二年坂**、**三年坂**，一路缓缓攀升的石板坡道或阶梯，永不止息的人潮，其中有不少换上了和服的年轻女孩，让石坂风景更添色。两旁古风建筑时髦内装的诱人土产店勾勒出代表京都观光的风情，所有你心目中的土产手信都可以在这找到贩售店家，不论你要送朋友的是一盒八桥饼，或一个日式花布的手帕。

石板坡道的尽头是京都景点排行榜第一名的“**清水寺**”，清水舞台位于清水寺的本堂(国宝建筑)，是清水寺最重要的景点，舞台的部分突出建筑于斜坡上，并且底下的支柱以卡榫固定，不使用一钉一铆，一望而下的景色非常美丽。以长勺接住音羽瀑布的流水饮下可得到幸福。地主神社主求姻缘，也是清水寺内的热点。

接着沿着有名的**宁宁之道**前往**高台寺**，高台寺是丰臣秀吉的正室妻子宁宁为他祈福而建造的寺院，为代表桃山时代的庭园，隔着宁宁之道的对面的“**圆德院**”则是宁宁在秀吉殁后度过余生之处。

本行程预算

交通费	10 000日元
住宿费	21 000日元
饮食费	16 000日元
杂支	10 000日元
总计	**57 000日元**

行程3 岚山嵯峨野诗意3日游

>> 木嶋神社、御室仁和寺、龙安寺、北野天满宫、嵯峨野观光小火车、落柿舍、竹林小径、野宫神社、渡月桥

岚山在京都观光排行榜上仅次于清水寺，排名京都第二受欢迎景点，春天赏樱，秋天也是赏枫名点，加上岚山与保津川的自然景色，让人感到闲适开阔，同时也有多处历史建筑以及寺庙可寻幽探访，岚山之旅，保证不虚此行。

3日行程怎么玩

Day 1

● 京福电铁沿线游：木嶋神社(蚕の社站)→广隆寺(太秦广隆寺)→帷子ノ辻站转北野线→御室仁和寺→龙安寺→等持院→北野天满宫(北野白梅站)

出游岚山时，最有旅游感觉的还是搭乘俗称“岚电”的京福电铁，白天每10分钟就发一班车，而岚电的岚山站正对闹市区，观光十分方便，购买一日券只需500日元，还附沿线寺庙的折价券。

从岚电大宫站上车后，第一站抵达祭拜蚕的“**木嶋神社**”，是由将养蚕、机织从朝鲜带入京都的“秦氏”所建，并且还有京都三珍稀鸟居之一的“三柱鸟居”，离车站近且免收参拜费，值得一游。

下一站“**广龙寺**”，为京都最早的寺院，并为圣德太子所祭祀的寺庙，每年10月12日举行京都三大奇祭之一“牛祭”。寺庙内珍藏两尊知名的国宝级木造弥勒菩萨以及如来、观音等木像，让人心情平静。在**帷子ノ辻站**转乘北野线前往世界文化遗产“**仁和寺**”，此处种植许多较晚开的特殊樱花“御室樱”，是十分知名的赏樱名点。

接着步行约7分钟前往同为世界文化遗产的“**龙安寺**”，以枯山水石庭举世闻名的龙安寺前庭，以15颗大小石头分成三堆，各为7、5、3颗，藏着四个谜题，从不同的角度注视，仿佛又有不同的表情。接着步行抵达“**等持院**”，此处有足利尊氏将军的墓，并供奉历代足利将军。

最后从等持院搭“岚电”前往“**北野天满宫**”。寺内祭祀日本的学问之神“菅原道真”，宽广的庭院里，四时皆可见到不同的景色，院内的2000余株梅树，使得北野天满宫成为赏梅的名所。

Day 2

● **嵯峨野观光小火车→嵯峨野古寺散步→保津川顺流之旅→常寂光寺→落柿舍→祇王寺**

搭上特别列车**嵯峨野观光小火车(トロッコ号)**，约25分钟的车程中能近距离欣赏保津川峡谷的绝景，是游览嵯峨野山林风光的最佳选择。

抵达“龟冈站”，再转乘付费接驳巴士前往**保津川**顺流之旅的搭船处，搭乘仅可搭载24位游客（冬季则限16位）的小船畅游保津川峡谷。客船的控制完全凭人工，途中溪流蜿蜒，且景色秀丽，十分值得体验。行程约两小时，由新保津大桥至渡月桥前。

接下来继续前往“**常寂光寺**”，院内美景时常出现在百人一首里，置身其中，仿佛也有时光倒错的感觉。寺内的“多宝塔”为国家重要文化财。

接着徒步五分钟到“**落柿舍**”、松尾芭蕉门下的“向井去来”的住所，松尾芭蕉本人也到访过三次，虽然现在的落柿舍为后人再兴，但满屋的诗味还有满园的柿子树是没有改变的。距离落柿舍600米处还有“**祇王院**”，此处最出名的故事就是受到平清盛宠爱的白拍子(舞伎)，因感叹君王疼宠的多变而出家。寺院经过衰退、废寺，如今又复兴，现在院内还能够赏竹、赏枫，在岚山的景点里人气度很高。

注：嵯峨野小火车需要事先划位，位满即不再贩售，遇旅游旺季强烈建议可先在JR西日本主要车站如关西空港站、京都站售票窗口购买预售票。另外，保津川顺流之旅也须订位，可在トロッコ嵯峨站预约。

Day 3

● **清凉寺→宝筐院→竹林小径、野宫神社→天龙寺→岚山观光街→渡月桥→岚山公园**

第一站来到街尾的“**清凉寺**”，此处被认为是《源氏物语》中“光源氏”模特儿的“源融”(嵯峨天皇的第12皇子)住处。在宋朝时经由印度、中国辗转带回来的释迦如来立像在1953年被发现体内竟放置有绢制的内脏，成为贵重的资料。接着可前往隔壁的京都赏枫名所“**宝筐院**”，美丽程度到常常被拼图或月历使用。下一站则可走进代表岚山的翠绿“**竹林小径**”，并抵达竹林内以求良缘知名的“**野宫神社**”。

下一个目的地是属于世界文化遗产的“**天龙寺**”，寺中最著名的是展示于法堂天井、直径9米的云龙图，其中的“曹源池”是寺内造景的一大亮点，另外这里也是欣赏早樱的知名胜地。

离开天龙寺后回到**岚山的观光街**，这里充满传统京都风味，除了到京都必买的八桥饼、京渍菜之外，现买现吃的烤米丸、豆腐、抹茶冰淇淋也都非试不可。特别推荐渡月桥前的本家樱饼，两片盐渍樱花树叶包住无添加剂的白色樱饼，一入口全是樱饼的强烈香气，喜欢樱饼的人不能错过。观光街的尽头就是**岚山与保津川**，而横跨在保津川上的就是岚山的代表**渡月桥**。秋天站在桥上可望遍满山红叶，美不胜收。过了桥以后还可以去河上的岚山公园走走。

¥ 本行程预算

交通费	4000日元
住宿费	15 000日元
饮食费	7500日元
杂支	12 000日元
总计	**38 500日元**

行程4

京都工艺、文物见学3日游

>>京都铭果おたべ、梅小路蒸气机关车馆、风俗博物馆、京都国际漫画博物馆、灵山历史馆、京都传统工艺馆、京果子资料馆、平等院博物馆凤翔馆、宇治市源氏物语博物馆、月桂冠大仓纪念馆

京都除了有丰富的历史观光资源、好吃的京美膳、无数的日式工艺品让人买到手软外，还有许多提供见学或者亲手制作的资料馆，京都深度文化之旅，非他莫属。

3日行程怎么玩

Day 1

● 京都铭菓おたべ→梅小路蒸汽机关车馆→风俗博物馆→织成馆→京都国际漫画博物馆(京都国际マンガミュージアム)

第1天首先前往京都车站附近以八桥出名的“**京都铭菓おたべ**”本馆参观并亲手制作八桥饼，花费600日元及1.5小时即可亲手做出美味的八桥饼(需预约)。接着前往“**梅小路蒸汽机关车馆**”，馆内展示17型19辆退役蒸汽火车，是专门的蒸汽火车博物馆，除了看，还能够搭乘实际运转的“SL蒸汽号”。接下来前往展示众多与《源氏物语》，也就是平安时期有关物品的“**风俗博物馆**”，参观时仿佛置身古代，也可窥见中国唐宋时的文化。接着前往活用“西阵织屋建筑”成为博物馆的“**织成馆**”，展示西阵织等全国的手织品、能剧装束、时代衣裳，也有工厂参观及手工制作体验(需时约3小时，费用5000日元，预约制)。最后前往**京都国际漫画博物馆**，内含日本漫画的历史等丰富介绍展览、漫画家现场实际绘画，还有整面墙的漫画随人看，漫画迷必见。接着前往同一站的“京都传统工艺馆”，展示了京都足以向世界夸耀的传统工艺，也展示各种工艺的代表作。

图片提供／norigrub

图片提供／Kentaro Ohno

Day 2

● **野村美术馆→掌美术馆→灵山历史馆→京都传统工艺馆→京果子资料馆**

图片提供／midorisyu

第2天第一站光临展示野村证券二代目“野村德七”收藏品的**“野村美术馆”**，内含茶道工具及能乐相关道具，以及德七的遗作、书本、绘画约1500件，也可以600日元体验茶道(5名以上需预约)。下一站前往**“掌美术馆”**，此处收藏展示多数与高台寺有关的宝物，以及丰臣秀吉与宁宁的生活用品，包括深受两人爱用的桃山时代华丽漆器“莳绘”，凭高台寺门票能够免费入场。下一站则是来到幕末维新博物馆**“灵山历史馆”**，馆内专门研究幕府末期、明治维新期的历史，收集并展示当时的文物、遗物，以及调查报告。

对日本的传统技艺有兴趣的人，则可选择展示并实际示范制作各种传统日式工艺品的**“京都传统工艺馆”**，馆内展示了京都足以向世界夸耀的传统工艺，也展示各种工艺的代表作家的作品，以及京都传统工艺学校学生的作品，另外，也可以见到职人的现场制作。最后前往**“京果子资料馆”**，馆内展示制作优美典雅的京果子的模型以及介绍历史，特别的是，也展示了唐朝时流传至日本的唐果子模型，很有意思。

Day 3

● **宇治上林纪念馆→平等院博物馆(ミュージアム)凤翔馆→宇治市源氏物语博物馆(ミュージアム)→月桂冠大仓纪念馆**

第3天前往距离京都车站较远的宇治地区。首先是珍藏许多茶类贵重资料的**“宇治上林纪念馆”**，馆内目前仍展示元禄时代使用的制茶、泡茶道具以及制茶图等资讯。

接下来前往**平等院附设的博物馆“凤翔馆”**，平等院本就为国宝的宝库，凤翔馆可看度可见一斑，内含云中供养菩萨像等珍藏国宝，错过可惜。

接着前往**宇治市的源氏物语博物馆**，馆中以实际的物品及影像介绍《源氏物语》的故事及时代背景，馆内装潢设计也很大气，可见古今的完美融合。

最后前往位于以酿酒闻名的伏见的**“月桂冠大仓纪念馆”**，入馆可参观实际酿酒的工厂、造酒工具的展示馆、了解月桂冠创业以来的历史，还可以试喝月桂冠的各种日本酒。

图片提供／m-louis

¥ 本行程预算

交通费	5500日元
住宿费	14 500日元
饮食费	7500日元
杂支	8000日元
总计	**35 500日元**

行程5 世界文化遗产5日游

>> 西本愿寺、二条城、下鸭神社、银阁寺、东寺、醍醐寺、宇治上神社、金阁寺、天龙寺、延暦寺、上贺茂神社

在京都约有3000间大小寺院，其中有2000间以上被登记为文化财，更有17间被列为世界文化遗产。这些文化财都是从公元794年起兴建平安京时留下的，横跨了平安、镰仓、室町、桃山、江户五个时代兴建的历史建筑，是喜欢日本历史文化的人不可错过的景点。

5日行程怎么玩

Day 1 ● 洛中 西本愿寺→二条城→贺茂御祖神社(下鸭神社)

洛中即为京都车站周边，虽然充满现代化建筑以及商业区，但也存在三处世界文化遗产，即使停留的时间不够都可以逛到。首先抵达**西本愿寺**，西本愿寺集合了众多国宝，包括“唐门”、“飞云阁”、“鸿之间”、“雁之间”、“菊之间”、“白书院”、“黑书院”、“北能舞台”、“亲鸾圣人影像、镜之御影”、“三十六人家集”，可谓国宝的宝库，辽阔的庭院里站满桃山时代的沉稳建筑，坐在大广间里静思，很能够沉淀心里的杂念，非常值得一游。

图片提供／Norio.NAKAYAMA

接着搭乘市营巴士9号前往**二条城**，此处兴建于江户时代初期(1603年)，曾是德川家康的寓所，并因德川庆喜在此举行了“大政奉还”的仪式而闻名。在国宝二丸御殿里遗留了3000面以上的障壁画，其中就有1016面是国家指定文化财，在此仿佛能感受到幕府时代的将军气势，更是幕府历史迷喜爱的景点之一。

最后搭乘地铁东西线转京阪电车前往**下鸭神社**（正式名称为“贺茂御祖神社”）。下鸭神社建设于平安时期之前，是国内最古老的神社之一，留下的最早参拜纪录在公元前90年，并与上贺茂神社共同举办京都三大祭之一的“葵祭”。建筑物“东本殿”、“西本殿”为国宝，另外更有“祝词舍”、“币殿”等23个国家指定重要文化财，神社境内也是国家指定史迹，包围着这些神社的糺の森约12公顷，春有梅樱、夏有紫阳花、秋有红叶，都很美丽。

Day 2 ● 洛东　银阁寺→清水寺

首先来到正式名称为东山慈照寺的**“银阁寺”**，寺院里的银阁及东求堂被选定为日本国宝，银阁是非常高贵的观音殿，而东求堂则是日本最早的书院建筑。

接下来沿着哲学之道散步，再搭乘市营巴士100号前往清水寺。**清水寺**是京都最知名的寺院，以清水舞台闻名国际。清水舞台位于清水寺的本堂，舞台建筑于斜坡上，底下的支柱不使用一钉一铆，夜间参拜时可瞭望京都市夜景。而寺内的建筑以及美术品几乎全为国指定重要文化财。寺中的音羽瀑布是清水寺取名由来，以长勺接住瀑布的水饮下可得到幸福。前往清水寺的途中会经过清水寺参道、三年坂、二年坂、宁宁之道等，走着走着就到祇园四条河原町，可谓古代与现代的穿越。

Day 3 ● 洛南　教王护寺(东寺)→(约1小时)醍醐寺→(50分钟)宇治上神社→平等院

第一站前往**教王护寺“东寺”**，平安京成立时，被允许成立的佛寺只有“东寺”与“西寺”，分别位于罗城门的两侧，如今只存东寺让人见证历史。寺里的五重塔是日本第一高塔。除五重塔外，寺内的金堂、大师堂、莲花门、观智院客殿，以及众多美术艺品、典籍也都被指定为日本国宝。

从东寺离开后，在地铁乌丸线“九条”站搭车前往“乌丸御池”站转东西线前往醍醐站，抵达醍醐寺。**醍醐寺**以丰臣秀吉举行“醍醐赏樱会”之地而出名，是京都最经典的赏樱景点。

接着回到地铁醍醐站，搭车前往“六地藏”站转京阪宇治线前往宇治站。**宇治上神社**是全日本最早的神社之一，并曾有应神天皇、仁德天皇参拜过。在宇治上神社附近还有间宇治神社，后来两间神社合一成为“八幡社”。境内的涌泉“桐原水”是宇治七名水中唯一现存处，记得饮用看看。

接下来步行约7分钟抵达宇治川西侧的**“平等院”**。至今仍保留11世纪平安时代后期的建筑等景观，最著名景点是印在硬币10日元以及1万日元纸钞上的国宝“凤凰堂”。凤凰堂中的丈六阿弥陀如来坐像、一对凤凰以及三大名钟之一的梵钟都是欣赏的重点。如今大部分的文物现在都展示于凤凰堂旁的博物馆“凤翔馆”，自然也必须细细欣赏。

图片提供／Kiwi He

图片提供／t_kawaii2010

图片提供／cyesuta

Day 4 ● 洛西 金阁寺→龙安寺→仁和寺→天龙寺→西芳寺(苔寺)→(1小时)高山寺

京都观光10大热门景点里就有“岚山”、“金阁寺”、“嵯峨野”三处位于洛西，是京都里的人气景点密度很高的一区，17处世界文化遗产里更有6处位于洛西，整个区域被古色古香的历史建筑以及壮阔的山川景色包围，非常适合进行世界文化遗产之旅。

第一站搭乘巴士在金阁寺道下车，抵达世界知名的**金阁寺**，金阁寺正式名称为“鹿苑寺”，为足利义满的法号。大家所熟知的三层金色楼阁分别为法水院、潮音洞以及究竟顶。寺院境内的池泉洄游式庭园被登记为国史迹，从镜湖池眺望金阁寺则是知名的绝景。

接着步行约20分钟抵达以枯山水石庭闻名的**龙安寺**。方丈的前庭以15颗大小石头分成三堆，各为7、5、3颗，此石庭也是日本最有名的枯山水园林精品，貌似无心摆设的石头，却能因角度及想法不同而看出截然不同的风景，就连英国女王伊丽莎白二世参观后都赞不绝口。

距离龙安寺步行约七分钟可以参观占地约九公顷的**仁和寺**，由于宇多法皇出家后居住于此，因此仁和寺又称为“御室御所”，此地比一般樱花晚开的特殊樱花也被称为“御室樱”，此处亦是十分知名的赏樱名点。

图片提供／Marufish

接下来搭乘路面电车岚电京福电铁抵达岚山站，前往在京都五山中位居第一名的**天龙寺**，寺中最著名的是展示于法堂天井、长9米的云龙图，庭园则是借景岚山、龟山的池泉洄游式庭园。此地的樱花品种属于早开种，为欣赏早樱的知名胜地。

之后搭上阪急线在松尾站下车，步行1.7公里可抵达因布满青苔、被昵称为“苔寺”的**西芳寺**。西芳寺的庭园上为枯山水式、下为池泉洄游式的二段构造，因境内布满青苔，故又以梅雨季节特别美丽。参拜西芳寺需要事先以书信方式预约，切勿贸然前往，以免向隅。

图片提供／Kentaro Ohno

离开西芳寺之后前往以收藏了国宝“鸟兽人物戏图”闻名的高山寺，除此之外还收藏了许多古老的绘画或文书。而寺院境内更有传闻为日本茶发源地的日本最早茶园，到了秋天则是知名的赏枫景点。

Day 5

● **洛北延历寺**→(1小时40分钟)**贺茂别雷神社**(上贺茂神社)

世界文化遗产洛北行第一站前往位于比睿山的“**延历寺**”，最简便的方式为搭乘早上08:30从京都发车的巴士，09:52可抵达比睿山顶，搭到延历寺巴士总站(バスターミナル)对观光最为方便，由于整个比睿山都是延历寺的范围，高低起伏颇大，记得穿上好走的鞋子。延历寺主要分为“东塔”、“西塔”、“横川”三大区域，游走各区间形同登山，对体力没有自信者若要取舍则可选择只去“东塔”，而其中最重要的建筑就是延历寺的总本堂、国宝“根本中堂”，现在的建筑自1642年保留至今。有许多日本佛教界的名僧都是出自延历寺，如“日莲宗”的开祖“日莲”、“净土真宗”的开祖“亲鸾”等。可惜的是，寺院曾多次遭祝融侵袭，留存下来的历史文物相对的并不多，特别的是十件里有四件是僧人去当时的唐朝短期研习时从唐朝带回的古物，包括“传教大师入唐牒”等，让人深刻感受平安文化与中国文化的紧密结合。游走三大区域可以用步行散心，也可利用山区的周游巴士，但是公交车班次不多，请务必留意时间表。

回程时搭乘睿山缆车体验不同的感觉，先搭乘睿山内的公交车前往比睿山顶的缆车站，接着搭乘特殊的睿山缆车下山，搭乘瑞山电铁本线在修学院下车后，转搭市营巴士北8号到北山通，接着就可徒步至统称为上茂贺神社的“**贺茂别雷神社**”。

“上贺茂神社”以每年5月与下鸭神社合办京都三大祭之一的“葵祭”知名，最早的建造纪录于678年，是京都最早开始祭拜贺茂别雷大神的神社，一年12个月份还有不同的祭典可以看，对于见识日本的祭祀文化很方便。此处被指定为日本国宝的有“本殿”、“权殿”两个建筑，另外还有31个建筑、3样美术工艺品为国家指定重要文化财，多为公元1628年兴建的建筑物，是国家指定重要文化财的宝库，虽然建筑众多，也值得细细观看。

本行程预算

交通费	6000日元
住宿费	33 000日元
饮食费	15 000日元
杂支	18 000日元
总计	**72 000日元**

行程6 京都风景文学3日游

>>高濑川、八坂神社、青莲院、长乐寺、六波罗蜜寺、罗城门迹、京都御所、伏见稻荷神社、祇王寺、小仓百人一首殿堂

京都悠久的历史，自古孕育出许多知名文人，日本的文学作品里，更有不少以京都为背景舞台。作家们以京都生活激发出的想象力下笔，追随这样的幻想与现实探索体验京都也是十分有趣的游乐法，喜欢日本文学的人不可错过。

3日行程怎么玩

Day 1

● 高濑川(高濑舟)→八坂神社(古都、平家物语)、青莲院、长乐寺(平家物语)→清水寺(枕草子、古都)→六波罗蜜寺(平家物语)

文学之旅第一站来到森鸥外探讨安乐死的小说《高濑舟》的背景地“**高濑川**”，这是一条在1611年兴建、连接京都中心部以及伏见的运河，一直到1920年的300年间都维持水运机能。

接着前往**八坂神社**，对现在的京都居民十分重要的八坂神社，孕育出了京都最大祭典“祇园祭”，也深受文人喜爱，《平家物语》以及川端康成的《古都》中都可见其踪迹。而与八坂神社相连的**青莲寺**与**长乐寺**则曾出现在《平家物语》中。**青莲院**与皇家渊源深厚，许多皇家子弟入寺于此，历任住持也多是皇族男子。另外，在小御所附近的“一文字手水钵”相传是丰臣秀吉的奉纳物。从**长乐寺**的瞭望台可以一望京都景色。

接着漫步石板坡道前往曾出现在清少纳言写的《枕草子》以及川端康成的《古都》里的“**清水寺**”，清水舞台位于清水寺的本堂(国宝)，是清水寺最重要的景点，舞台的部分突出建筑于斜坡上，并且底下的支柱以卡榫固定，不使用一钉一铆，一望而下的景色非常开阔美丽。以长勺接住音羽瀑布的流水饮下可得到幸福。地主神社主求姻缘，也是清水寺内的热点。

最后前往曾出现在《平家物语》的“**六波罗蜜寺**”。建于963年，建筑曾因战火烧毁，但庆幸的是文物并无事，现今仍保存着平清盛公坐像等平安、镰仓时期的优秀雕刻。

Day 2

● 罗城门迹(今昔物语)→京都御所(源氏物语)→庐山寺(源氏物语)→下鸭神社(枕草子)→伏见稻荷神社(枕草子)

第一站前往芥川龙之介名著《今昔物语》中有名的“**罗生门**”，也就是旧平安京南门“罗城门”，现今仅留旧址碑。

接下来前往紫式部名著《源氏物语》的背景地“**京都御所**”，京都御所即为天皇的住所，目前供人参观的御所仅为当时的一处临时别居，范围已较未迁都前小(参观需事先在官网预约)。接着前往“庐山寺”，此处为紫式部的曾祖父所建，紫式部在此成长、结婚生子、直到过世，可在此一窥《源氏物语》的世界。

接着前往曾出现在《枕草子》里的世界文化遗产“**下鸭神社**”，建设于平安时期之前，是国内最古老的神社之一，并与上贺茂神社共同举办京都三大祭之一的“**葵祭**”。

最后来到同样出现在《枕草子》里的“**伏见稻荷神社**”，以千鸟居著名的全日本稻荷神社总本社“伏见稻荷神社”，最著名的风景就是境内站满橘色鸟居的步道，这样的场景也曾出现在电影《艺伎回忆录》里，到处充满小鸟居及狐狸石像，非常有趣。

图片提供／casek

图片提供／tosimisi

Day 3

● 金阁寺(金阁寺)→御室仁和寺(徒然草)→落柿舍→祇王寺(平家物语)→小仓百人一首殿堂“时雨殿”

文学之旅第三天首先来到三岛由纪夫的名著《金阁寺》的背景地“**金阁寺**”，此著作以1950年实际发生的火烧金阁寺事件为背景撰写。寺院境内的池泉洄游式庭园被登记为国史迹，从镜湖池眺望金阁寺则是知名的绝景。接着前往《徒然草》中曾出现的“**御室仁和寺**”。由于宇多法皇出家后居住于此，因此仁和寺又称为“御室御所”，此地比一般樱花晚开的特殊樱花也被称为“御室樱”，此处亦是十分知名的赏樱名点。境内清幽，伫立于蜿蜒的木质回廊间，凝视枯山水，不禁让人沉淀心中杂念。

接下来前往岚山地区的**落柿舍**，此处为松尾芭蕉门下的“向井去来”的住所，芭蕉本人也到访过三次，可惜落柿舍因向井的去世而没落消失，现在的落柿舍为后人再兴，并不是原址原建筑，但是满屋俳句的诗味还有满园的柿子树是没有改变的。

接着前往与《平家物语》有关的“**祇王寺**”，祇王为《平家物语》中受到平清盛宠爱的白拍子（舞伎）感叹君王疼宠的多变而出家，祇王寺就是因此闻名。但现在有名是因为长满翠绿青苔的庭院，而院内还能够赏竹、赏枫，小小寺院，也算雅致，在岚山的景点里人气度很高。

最后前往**小仓百人一首殿堂“时雨殿”**，馆内展示许多“百人一首”作品，以及“风行百人一首”的平安时期当时的生活风俗模型，可以欣赏到许多与京都周边风光为题所写的“百人一首”。

本行程预算

交通费	4500日元
住宿费	15 000日元
饮食费	8000日元
杂支	12 000日元
总计	**39 500日元**

行程7

沐浴古都 风情单车3日游——洛北/洛西

>>西本愿寺唐门、三十三间堂、花见小路、建仁寺、平安神宫、二条城、大觉寺、清凉寺、宝筐院、竹林小道、二尊院、今宫神社、仁和寺、北野天满宫

自行车是京都之旅的良伴，因为京都多是棋盘式的笔直平坦道路，容易行走，也不容易迷失，且不用配合大众交通的时刻表以及行进路线，也不用辛苦走路，容易自定路线，也可以随心所欲地停车，非常节省时间。

3日行程怎么玩

Day 1

● 京都车站周边：京都车站→西本愿寺唐门→三十三间堂→花见小路→建仁寺→八坂神社→平安神宫→鸭川、下鸭神社→京都御苑(京都御所)→二条城

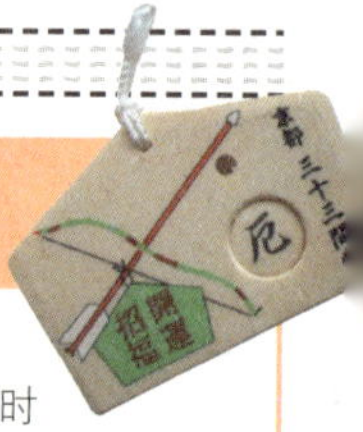

一早租好自行车先到“**西本愿寺**”参观，寺内可谓国宝的宝库，宽阔的庭院里站满桃山时代的沉稳建筑，非常值得一游。

下一站“**三十三间堂**”内，国宝“千手观音坐像”的左右各有500尊的“千体千手观音立像”，可谓佛像森林，非常壮观。

下一站可走花见小路前往京都最早的禅寺“**建仁寺**”，寺中的风神雷神屏风及双龙图是最大卖点。

接着前往主办“祇园祭”的**八坂神社**，这里是京都市民重要的神社，新年参拜往往突破100万人次，非常热闹。

下一站也是世界文化遗产“**下鸭神社**”（**贺茂御祖神社**），是国内最古老的神社之一，并与上贺茂神社共同举办京都三大祭之一的“葵祭”。

参观完下鸭神社，可接着前往“**京都御苑**”，为天皇迁都东京前的旧皇居，园内种植约5万棵树木，是市民重要的绿色空间。欲参观须事先在官网预约。

再来前往曾是德川家康寓所的“**二条城**”，德川庆喜也曾在此宣告“大政奉还”，是幕府历史迷喜爱的景点之一。

Day 2

● **岚山周边：京福电铁岚山站→大觉寺→清凉寺→宝筐院→竹林小道、野宫神社→天龙寺→落柿社→常寂光寺→二尊院→祇王寺**

第一站前往“**大觉寺**”，这里是嵯峨天皇时期的离宫，时至今日仍然色彩绚丽。

下一站是“**清凉寺**”。此处原被认为是《源氏物语》主角雏形的“源融”住处，死后遗族将之改建为御堂。

接下来可至“**宝筐院**”，即使看不到枫红，也看得到满园的翠绿，十分美丽。

下一站是足以代表岚山的“**竹林小径**”，以及竹林内，以求良缘闻名的“野宫神社”。

下一个目的地是世界文化遗产“**天龙寺**”，寺内被指定为特别史迹名胜的庭园是借景岚山、龟山的池泉洄游式庭园，其中“曹源池”是寺内一大亮点。

接着来到“**落柿舍**”、松尾芭蕉门下的“向井去来”的住所，芭蕉本人也到访过三次，现在的落柿舍为后人再兴，但是满屋诗味及满园柿子树并无变化。

接着来到邻近的“**常寂光寺**”，伴随或翠绿或火红的山林，这样的美景也时常出现在“百人一首”里被歌颂。寺内的“多宝塔”为国家重要文化财。

下一站来到供奉释迦如来以及阿弥陀如来的“**二尊院**”，寺前的参道枫树夹道，被誉为“红叶的马场”，不论红或是绿都如梦似幻，非常美丽。

最后一站是“**祇王院**”，院内著名处为长满翠绿青苔的庭院，另外还能够赏竹、赏枫，在岚山的景点里人气度很高。

图片提供／Kyoto-Picture

图片提供／Richard, enjoy my life!

Day 3

● **大德寺→今宫神社→金阁寺→龙安寺→仁和寺→北野天满宫**

第一站前往日本屈指的大型禅宗寺院“**大德寺**”，院里有四座大小枯山水，很有禅机。

下一站是“**今宫神社**”，又叫“金龟婿神社”(玉の輿神社)，可保佑女性找到金龟婿。

接下来前往“**金阁寺**”。三层金色楼阁分别名为法水院、潮音洞以及究竟顶。

接着前往“**龙安寺**”，前庭将15颗大小石头分成7、5、3颗，并藏着四个谜题。

接下来前往又称为“御室御所”的“**仁和寺**”，此处樱花比一般樱花晚开，境内清幽环境可让人沉淀心中杂念。

最后一站是以赏梅及赏枫闻名的“**北野天满宫**”。宽广的庭院里种有约2000余株梅树，使得北野天满宫成为赏梅名所。

Tip 自行车出租资讯

・京都车站：京都サイクリングツアープロジェクト（KCTP）京都

址 京都市下京区油小路下ル东油小路町552-13 电 075-354-3636 时 09:00~19:00 费 400日元/辆，停车场费用另计 交 京都车站中央口徒步5分钟，西洞院口徒步2分钟 网 http://www.kctp.net/rental/access.php#t1

・京都御苑附近：サイクルハウス大晃

址 京都市上京区清和院町575（下长者通り室町北东角）电 075-431-4522 时 09:00~19:00，每周三休 费 1小时200日元/辆，1天1000日元/辆，停车场费用另计 交 地下铁乌丸线丸太町站徒步10分钟，今出川站徒步12分钟

京都自行车观光网站：http://kanko.city.kyoto.lg.jp/bicycle/

本行程预算

交通费	6000日元
住宿费	14 500日元
饮食费	6500日元
杂支	10 000日元
总计	**37 000日元**

行程8

沐浴古都 风情单车3日游——洛中/洛北/洛西

>>东福寺、伏见稻荷神社、御香宫神社、寺田屋、醍醐寺、今宫神社、大觉寺、宝筐院、常寂光寺、二尊院、祇王寺

自行车是京都之旅的良伴，洛北与洛南景点离中心部较远，景点间距离较远，交通也较为不便，自行车是节省时间与脚力的利器。

3日行程怎么玩

Day 1

● 京都车站→东福寺→伏见稻荷神社(千鸟居)→御香宫神社→寺田屋→醍醐寺

在京都车站租车后，前往赏枫名点“**东福寺**”，在前往开山堂途中的“通天堂”欣赏的溪谷、洗玉涧更是让人赞叹的绝景，另外八香亭以及为数众多的国宝、重要文化财也很有可看性。

第二站前往以千鸟居著名的“**伏见稻荷神社**”，最著名的风景就是境内站满橘色鸟居的步道，这样的场景也曾出现在电影《艺伎回忆录》里，到处充满鸟居及狐狸石像，非常有趣。

接着前往拥有伏见七名水之一的“**御香宫神社**”，美味的水使得伏见成为酿酒知名的地方，到这也别忘了喝口名水歇歇脚，还可以求安产。

下一站是离御香宫神社不远处的坂本龙马遭难历史舞台“**寺田屋**”，当时的建筑已毁坏，此地经改建后仍是旅馆，也可付费参观。

最后来到“**醍醐寺**”，以丰臣秀吉举行“醍醐赏樱会”之地而知名，是京都最经典的赏樱景点。现存的建筑物则多为桃山时期所留存下来的国宝，尤其三宝院里的葵之间、秋草之间、使之间，非常值得一看。

图片提供/Kandance

图片提供/Kyoto-Picture

Day 2

● 京都御苑租车→下鸭神社→上贺茂神社→金阁寺→今宫神社→大德寺→京都御苑

图片提供／kuribo

第一站先在京都御苑附近租自行车，接着前往“**下鸭神社**”，下鸭神社是国内最古老的神社之一，境内包括求学业、姻缘、安产的“相生社”、求美貌的“河合神社”、求开运解厄的茶道之神“出云井于神社”以及求旅行交通安全的“祓社”等处。接着前往“**上贺茂神社**”，一年12个月份都有不同的祭典，不妨参考神社的行事历决定前往的日期，细殿前的立砂是神社的特色。

下一个目的地是京都的代表景点之一“**金阁寺**”。寺院境内的池泉洄游式庭园被登记为国史迹，从镜湖池眺望金阁寺则是知名的绝景。

下一站是举办京都三奇祭之一的やすらい祭的“**今宫神社**”，又叫“金龟婿神社”(玉の輿神社)，可保佑女性找到金龟婿。神占舍内有颗神奇的神占石“阿呆贤さん”，记得许个愿。接着来到“**大德寺**”，寺内保留许多超越500年的文物及建筑，可说是国宝及重要文化财的宝库，错过可惜。

最后在“**京都御苑**”还车并参观，此处是包围“京都御所”，也就是迁都东京前的旧皇居的宽阔公园。欲参观京都御所，需事先在官网预约。

Day 3

● 京福电铁岚山站→大觉寺→清凉寺→宝筐院→竹林小径、野宫神社→天龙寺→落柿社→常寂光寺→二尊院→祇王寺

第一站前往“**大觉寺**”，此处为嵯峨天皇时期的皇室离宫，时至今日仍然豪华鲜艳。

图片提供／cyesuta

下一站是“**清凉寺**”，宋朝时辗转带来的释迦如来立像存放于此，其体内竟放置有绢制的内脏，让此地更加出名。

接着到“**宝筐院**”，即使看不到枫红，也看得到满园的翠绿，十分美丽。

下一站是代表岚山的“**竹林小径**”，以及竹林内以求良缘著名的“**野宫神社**”。

下一个目的地为“**天龙寺**”，寺中最著名的是展示于法堂天井、直径9米的云龙图。

接着来到“**落柿舍**”。现在的落柿舍为后人再兴，但满屋俳句和满园柿子仍然不变。接着来到“**常寂光寺**”，寺内的“多宝塔”为国家重要文化财。

下一站前往“**二尊院**”，寺前的参道被誉为“红叶的马场”，非常美丽。

最后一站是“**祇王院**”，因为庭院长满翠绿青苔，院内还能够赏竹、赏枫，在岚山的景点里人气度很高。

图片提供／Kyoto-Picture

本行程预算

交通费	6000日元
住宿费	14 500日元
饮食费	6000日元
杂支	8500日元
总计	**35 000日元**

行程9 历史探访散步3日游

>> 二条城、二条阵屋、本能寺、平安神宫、伏见桃山城、宇治川、伏见稻荷神社、戒光寺、壬生寺、池田屋

京都是日本历史的宝库，平安京的历史从**794**年开始，累积至今已超过**1200**年，在此百年以上的历史建筑俯拾即是，堪称古迹的宝库，静静守候等待人们的探究。

3日行程怎么玩

Day 1

● 二条城→二条阵屋→本能寺→京都御所、京都御苑→平安神宫

第一站前往“**二条城**”，此处曾是德川家康的寓所，并因德川庆喜在此举行了“大政奉还”的仪式而闻名，是幕府历史迷喜爱的景点之一。

接着前往邻近的“**二条阵屋**”，是江户时代（16世纪中期）供上洛的诸国大名使用的阵屋，是日本难得现存的机关屋，里面有许多防止刺客侵入及供武者藏匿的机关，十分有趣。参观需事先以电话预约。

下一站前往以本能寺之变使得织田信长终焉于此的“**本能寺**”，棋差一着就能够统一日本的织田信长遭到部下明智光秀叛变，最后殁于本能寺，当时大火烧光本能寺，也让其中的信长军队全灭并且几乎尸骨无存。现今的本能寺为重建物，范围也较小。

接着前往**京都御所**以及**京都御苑**。京都御所即为所谓“皇居”，也就是天皇的住所，目前供人参观的御所仅为当时的一处临时别居，范围已较未迁都前小。包围着御所共65公顷的“京都御苑”可自由参观，但参观京都御所则须事先在官网申请。

最后来到**平安神宫**。1895年，为纪念平安迁都1100年而计划复原迁都当时的大内里，可一窥795年迁都时的平安京风貌。

图片提供／MNGCHN

图片提供／vica

Day 2

● **伏见桃山城→宇治川→寺田屋→伏见稻荷神社**

第二天的第一站前往洛南的**伏见桃山城**，伏见城最初是兴建为丰臣秀吉引退后的居所，在伏见城之战烧毁，又经德川家康重建，其后又历经地震摧毁，重建后一年丰臣秀吉在城内过世。在关原之战被破城时，德川约千名家臣还在此集体自刃，建筑物也大半被烧毁。虽其后德川家康又再度重建，但17年后废城，建材也移往二条城等他处，现在的伏见城已与历史上的大不相同。

接着前往在1184年引发“宇治川之战”的**宇治川**，现在则是赏樱、赏枫、夏天赏花火的名胜。

接着前往坂本龙马遭难地“**寺田屋**”，如今的建筑及内装、物品都是再造物，此地现在仍是旅馆，也可付费入内参观。

最后来到京都的代表景点之一“**伏见稻荷神社**”，曾留下丰臣秀吉在此祈愿母亲的疾病痊愈的逸话，现今以“千鸟居”闻名，也是电影《艺伎回忆录》的拍摄场景之一，境内充满鸟居以及狐狸像，很有风情与特色，成为代表京都的风景之一，山道全程共约4公里。

Day 3

● **幕府末年之旅：灵山历史馆→戒光寺→前川邸、八木邸→壬生寺→池田屋**

第一站前往幕末维新博物馆“**灵山历史馆**”，馆内收藏不少幕府末期、明治维新期的文物、调查报告等资料，珍贵的收藏为今天的幕末之旅揭开序幕。

下一站前往“**戒光寺**”，境内有御陵卫士“伊东甲子太郎”、“毛内监物”、“藤堂平助”、“服部三郎兵卫”等人的墓地，欲参拜者须事先于官方网页预约。

接着前往新选组迷的圣地“**前川邸**”与“**八木邸**”，两处皆为新选组在京都的住所，近藤一派居住于前川家，目前仅周六会开放一处贩卖商品。八木邸则可付费入内参观，此处于1863年曾发生芹泽鸭暗杀事件，现场仍保存当时原样。

接着前往新选组员平日活动及训练的场地“**壬生寺**”，境内置有局长近藤勇的铜像、新选组队士之墓“壬生墓”以及芹泽鸭之墓。

最后前往有名的“池田屋事件”之地“**池田屋**”。此事件阻止志士们火烧京都的计划，如今池田屋已成为餐厅，而店内处处也和新选组历史相关，是多数新选组迷一日朝圣的最后一站选择。

本行程预算

交通费	4500日元
住宿费	14 000日元
饮食费	9000日元
杂支	10 000日元
总计	**37 500日元**

行程10 洛南秀吉家康城下町历史散步3日游

>> 大德寺、北野天满宫、二条城、伏见稻荷神社、智积院、养源院、丰国神社、高台寺、圆德院、西本愿寺、东本愿寺、醍醐寺

京都是历史的宝库，有发生"坂本龙马袭击事件"的寺田屋，有丰臣秀吉举办赏樱宴的"醍醐寺"，踏着丰臣秀吉的脚步，来一段深度京都之旅。

3日行程怎么玩

Day 1 ●大德寺→北野天满宫→二条城→伏见稻荷神社

第一站来到与茶道渊源很深的"**大德寺**"。寺内保留许多超越500年的文物及建筑，传说由于寺内于山门的上层安置千利休像，让丰臣秀吉觉得自己在千利休之下，触怒秀吉，而逼迫千利休自裁。

接下来前往"**北野天满宫**"。寺内祭祀日本的学问之神"菅原道真"。宽广的庭院里，四时皆可见到不同的景色，院内的2000余株梅树，使得北野天满宫成为赏梅的名所。丰臣秀吉曾在此举办大规模茶会，当时使用的太合井户现今仍留存"北野大茶汤之址"碑。

接着前往"**二条城**"，此处曾是德川家康的寓所，并因德川庆喜在此举行了"大政奉还"的仪式而闻名，是幕府历史迷喜爱的景点之一。

最后来到京都的代表景点之一"**伏见稻荷神社**"，曾留下丰臣秀吉在此祈愿母亲的疾病痊愈的逸话，现今以"千鸟居"闻名，境内充满鸟居以及狐狸像，成为代表京都的风景之一，山道全程共约4公里。

图片提供／Kyoto-Picture

图片提供／INABA Tomoaki

Day 2

● **智积院→智积院收藏库→养源院→丰国神社→高台寺→圆德院**

第2天第一站前往“**智积院**”，此院本为丰臣秀吉凭吊爱子所建立的祥云禅寺，经由德川家康的供奉之后转型为智积院，智积院收藏库中现仍收藏包括祥云禅寺时期装饰客殿的多幅国宝障壁画。

接下来前往“**养源院**”，此院是丰田秀吉的侧室“淀殿”为追善供养父亲而请求秀吉兴建的，而后成为了德川家的菩提，祭祀了德川家从二代至十五代历代将军的牌位。本堂走廊有知名的“血天井”，传说天花板使用了溅到在遭受围攻的伏见城自刃的千名家臣血迹的木板，以慰在天之灵，如今都还能见到斑斑血迹。

接着前往祭祀丰臣秀吉的“**丰国神社**”，壮丽的建筑在之后为德川家康所破坏，现在的社殿为明治时期重建。国宝唐门为伏见城的遗构，可见桃山时期的建筑风采，境内的宝物馆还可参观到曾收纳秀吉遗品的唐柜等重要文化财。

接着沿着有名的宁宁之道前往**高台寺**，高台寺是丰臣秀吉的正室妻子宁宁为他祈福而建造的寺院，为代表桃山时代的庭园，隔着宁宁之道的对面的“**圆德院**”则是宁宁在秀吉殁后度过余生之处。

图片提供／papalagi chen

Day 3

● **西本愿寺、东本愿寺→伏见城→醍醐寺**

第一站前往**西本愿寺**，1591年先成立西本愿寺，接着在1592年，在本寺东侧又新创真宗本庙，因此就成了东、西本愿寺。西本愿寺可谓国宝的宝库，寺院本身也属于世界文化遗产，**东本愿寺**经历多次火灾，现在的建筑多为新建物。

接着前往“**伏见城**”，伏见城为丰臣秀吉引退后的居所，经历不少灾难及重建，在关原之战被破城时，德川约千名家臣在此集体自刃，建筑物也被烧毁。虽然德川家康又重建，但现在的伏见城已与历史上的大不相同。

最后来到“**醍醐寺**”，以丰臣秀吉举行“醍醐赏樱会”之地闻名，是京都最经典的赏樱景点。现存的建筑物则多为桃山时期所留存下来的国宝，尤其三宝院里以桃山时期的豪华袄绘装饰的葵之间、秋草之间、使之间，非常值得一看。

图片提供／TAKA@P.P.R.S

图片提供／Richard, enjoy my life!

本行程预算

交通费	5000日元
住宿费	14 400日元
饮食费	6600日元
杂支	11 000日元
总计	**37 000日元**

京都石坂道3日游

>> 祇园新桥、八坂通、金刚寺、八坂塔、三年坂、清水坂、二年坂、宁宁之道、石塀小路、锦市场、花见小路、银阁寺、哲学之道、法然院、南禅寺

说到京都给人的印象，其中一项一定是石坂道与日式建筑、艺妓共存的风景，换上和服，融入其中是不错的游览方式。因为风景都是石板道两旁夹道石壁或日式建筑，其实还蛮容易错乱的，边走要记得留意自己的方向及位置。

3日行程怎么玩

Day 1

●祇园新桥传统的建筑物群保存地→八坂通→金刚寺→法观寺(八坂塔)→产宁坂(三年坂)→清水坂→清水寺、地主神社→二年坂→宁宁之道(ねねの道)→高台寺→石坂道→圆德院

第一站从**祇园新桥传统建筑群保存地区**出发，此处保留许多京都传统的町家建筑，以高级茶屋的形式持续经营。白川、石板、樱花树形成美丽的三重奏。

接下来沿着八坂神社往左弯，经东大路通转通往日本第三高的塔“**八坂塔**”，途中会经过挂着许多布猴子的小寺庙“金刚寺”，因布料颜色不同，寺院色彩相当鲜艳。进入八坂塔已开始感觉到人声鼎沸，一直延伸到清水寺都是热门景点，而当中已经过有名的**二年坂**、**三年坂**，一路缓缓攀升的石坂坡道或阶梯，永不止息的人潮，让石坂风景更添热闹。两旁充满古风建筑的土产店，所有欲购买的土产手信都可以在这找到。

坡道尽头是京都第一名景点“**清水寺**”，清水舞台位于清水寺的本堂，是清水寺最重要的景点，舞台的部分突出建筑于斜坡上，不使用一钉一铆，一望而下的景色非常美丽。以长勺接住音羽瀑布的流水饮下可得到幸福。地主神社主求姻缘，也是清水寺内的热点。

接着沿着宁宁之道前往**高台寺**，高台寺是丰臣秀吉的正室妻子宁宁为他祈福而建造的寺院，隔着宁宁之道的对面的圆德院则是宁宁在秀吉殁后度过余生之处。

图片提供／Conveyor belt sushi

图片提供／imgdive

Day 2 ●锦市场→鸭川沿岸、先斗町→花见小路→建仁寺→八坂神社

第一站前往京都市民的厨房“**锦市场**”，市场内商品包含京野菜、渍物、汤叶等，络绎不绝的人潮与店家大声的吆喝声，可以见识到不同的京都。到此推荐品尝竹签生鱼片串，有趣又好吃。

下一站前往**鸭川**旁的石坂小巷，细细长长的石板路上几乎全是餐厅，靠鸭川边的餐厅可以一边欣赏鸭川风光的观景餐厅，高级感满分。

接着前往以艺伎闻名的**花见小路**，除了有艺伎表演的高级料亭，也可在路上看到艺伎穿梭，让人有时光倒错的感觉。花见小路的尽头则是京都最早的禅寺“**建仁寺**”，开山祖荣西禅师是带动日本喝茶风气的始祖。寺中的风神雷神屏风及双龙图是最大卖点，是日后日本绘制风神雷神的范本。

接着前往**八坂神社**，红色的建筑显得色彩鲜艳，是京都居民重要的神社。漫步祇园的石板路，除了感受京都的风情，也别忘了吃份抹茶圣代。以贩卖抹茶为主的辻利附设的茶寮“都路里”飘出的浓郁茶香引人驻足，也是京都最受欢迎的抹茶圣代店，另外邻近的“祇园きなな”以及“祇园小石”也都是名店，所有的甜食店的共同特色就是大排长龙，若是团体行动则可轮流排队，节约时间。

Day 3 ●银阁寺→哲学之道→法然寺→(1.5km)南禅寺

第三天首先来到世界文化遗产“**银阁寺**”，原为足利义政的住居，于1490年改为寺院。寺院里的银阁及东求堂被选定为日本国宝，银阁是观音殿，而东求堂则是日本最早的书院建筑。

离开银阁寺后前往**哲学之道**，因京都大学哲学教授“西田几多郎”每日在此冥想而因此命名，2公里的溪边小道种满樱花，是超热门的赏樱景点，夏天可赏萤火虫，秋天可赏枫。在散步途中稍微离开步道前往**法然寺**。

法然寺除了是赏枫名所，赏山茶花也很有名。寺内的亮点是以堆高的白沙代表水的“白沙坛”，通过步道有清洁身心的意义，枫红时节沙坛上铺着落叶，景色非常雅致。

下一站来到京都五山之冠、日本禅宗最高寺院“**南禅寺**”，也是赏枫名所，未红时寺院一片翠绿也很美丽。特别的是，在寺内有一段以红砖盖成的拱形疏水桥，将琵琶湖的水引导至京都市内，超过百年时空历练的褪色砖桥充满独特风情，尤其看了几天的寺庙，看到截然不同的景色感到特别愉悦。

图片提供／Kyoto-Picture

本行程预算

交通费	5300日元
住宿费	15 000日元
饮食费	7000日元
杂支	10 000日元
总计	**37 300日元**

行程12 古代贵族庭园度假3日游

>>京都御所、仙洞御所、京都御苑、桂离宫、修学院离宫、仁和寺、八坂神社、知恩院、青莲院、泉涌寺、清凉寺、宝筐院、岚山观光街、渡月桥、岚山公园

在794—1868年的1074年间，日本的首都都在京都，也度过了历史上十分璀璨的十个世纪，许多皇室贵族之物就如此在京都定居，也成为京都珍贵的观光资源。既然来了京都，可得好好体验这样的日式贵族气氛。

3日行程怎么玩

Day 1 ●京都御所、仙洞御所、京都御苑→桂离宫→修学院离宫

贵族之旅第一天要探访京都市内的皇居以及离宫，首先前往京都御苑园区内的**“京都御所”与“仙洞御所”**，京都御所即为所谓“皇居”，也就是天皇的住所，目前供人参观的御所仅为当时的一处临时别居，范围已较未迁都前小。

仙洞有“仙人远离世俗居住之处”的意境，而仙洞御所则为退位天皇的皇居，以仙洞称呼有美称之意。仙洞御所的建筑群在1854年烧毁后并无重建，现在只保留庭院供参观。包围着御所共65公顷的“京都御苑”可自由参观。园内种植约5万棵树木，是市民重要的绿色空间。

接着前往**“桂离宫”**，桂离宫也就是皇居之外的宫殿。占地约7公顷的桂离宫起初为八条宫家的别墅，依然维持17世纪建造时的庭园及建筑物，完整保留了当时的王朝文化精髓，且回绕式的庭园造景堪称日本庭园的杰作，非常值得一看。

最后前往市区另外一座离宫**“修学院离宫”**，17世纪中期建造的修学院离宫与仙洞御所、桂离宫将王朝文化的崇美意识带到了登峰造极的境界。

上述景点除了京都御苑之外，都需要在网上事先预约（免费参观），在导览带领的解说下各约需1小时时间。

图片提供／np&djjewell

图片提供／np&djjewell

Day 2

●御室仁和寺→二条城→风俗博物馆→八坂神社、知恩院、青莲院→泉涌寺

第一站前往与皇室渊源深厚的“**御室仁和寺**”，因出家后的宇多法皇(退位的天皇)居住于此而有“御室御所”之称，仁和正为宇多天皇的元号。接着前往“**二条城**”，此处曾是德川家康的寓所，并因德川庆喜在此举行了“大政奉还”的仪式而闻名，是幕府历史迷喜爱的景点之一。

接下来前往展示众多与平安时期的贵族有关物品的“**风俗博物馆**”，参观时仿佛置身古代，也可窥见中国唐宋时的文化。

接着前往**八坂神社**及其境内的**知恩院与青莲院**，**青莲院**与仁和寺一样，与皇家渊源深厚，许多皇家子弟入寺于此，历任住持也多是皇族男子。

知恩院则受到德川家康、秀忠、家光三代外护而得以成为现在这般宏大的寺庙，境内有御影堂及三门两样国宝，其中的三门于1619年由德川秀忠建立，是日本最大的木造二重门。祇园的八坂神社是当地居民的日常信仰中心，也举办京都三大祭之一、闻名国际的祇园祭。

最后来到**泉涌寺**，此处有历代天皇、皇妃、亲王的陵墓共39座，千余年的历史就浓缩于此。

图片提供／吕怡珊

Day 3

●清凉寺→宝筐院→竹林小径、野宫神社→天龙寺→岚山观光街→渡月桥→岚山公园

第一站来到街尾的“**清凉寺**”，此处原为被认为是《源氏物语》主角“光源氏”的雏形“源融”住处，死后遗族将之改建为御堂。离开清凉寺后来到京都赏枫名所“**宝筐院**”，美丽程度到常常被拼图或月历使用。接着走进足以代表岚山的翠绿“**竹林小径**”以及“**野宫神社**”。野宫神社因为求姻缘非常有名而香客不绝。

下一个目的地是在京都五山中位居第一名、立于观光街的世界文化遗产“**天龙寺**”，寺中最著名的是展示于法堂天井、直径9米的云龙图，而庭园则是借景岚山、龟山的池泉洄游式庭园，其中的“曹源池”是寺内造景的一大亮点。此地的樱花品种属于早开种，为欣赏早樱的知名胜地。

岚山的观光街被塑造成充满古代风味的街道，店家几乎都是古意盎然的装潢，漫步其中，就像在古代的城镇一样。除了到京都必买的八桥饼、京腌菜之外，现买现吃的烤米丸、豆腐、抹茶冰淇淋也都非得试试不可，特别推荐在渡月桥前的本家樱饼，喜欢樱饼的人不能错过。

在观光街的尽头是岚山与保津川的山明水秀，而横跨在保津川上的就是岚山的景观代表**渡月桥**，一年四季都有不同美景可欣赏。过了桥以后还可以去河上的**岚山公园**走走。

本行程预算

交通费	5500日元
住宿费	16 000日元
饮食费	6500日元
杂支	10 000日元
总计	**38 000日元**

符号代表资讯

交 交通方式　网 相关网址　时 营业时间　票 参观门票　费 费用　址 详细地址　电 相关电话　注 备注事项

Chapter 5

分区导览篇

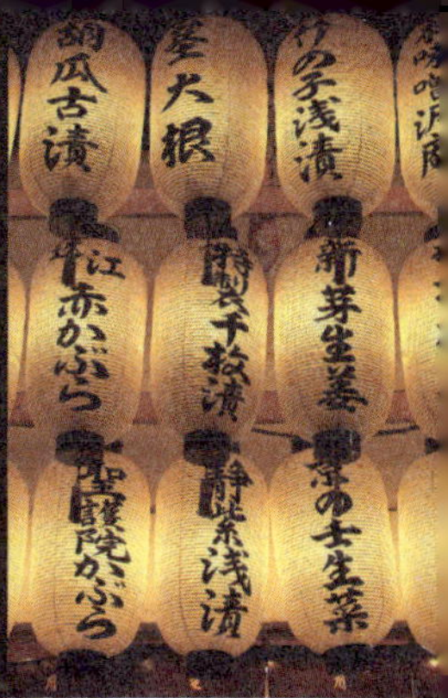

洛中 京都车站周边 KYOTO STATION

跨入京都的第一站

旅客到京都的第一站，就是京都车站，这里也是全京都的交通枢纽，JR、近铁京都线与地铁乌丸线，都在此会合，站前还有多达三十多线的公交车。既然是交通汇集之地，自然带进大量人潮，而人潮就是商机，因此京都车站一带也发展成商圈，百货公司、购物商场林立，生活机能相当齐全，车站内甚至还有美术馆和剧场，难怪有人形容京都车站真是对旅客的恩赐。有趣的是，京都车站虽然是现代感十足的商业区，但是邻近的东、西本愿寺、东寺，又是古色古香的寺院，古今并置，正是今日京都的最佳写照。

图片提供／popologi chen

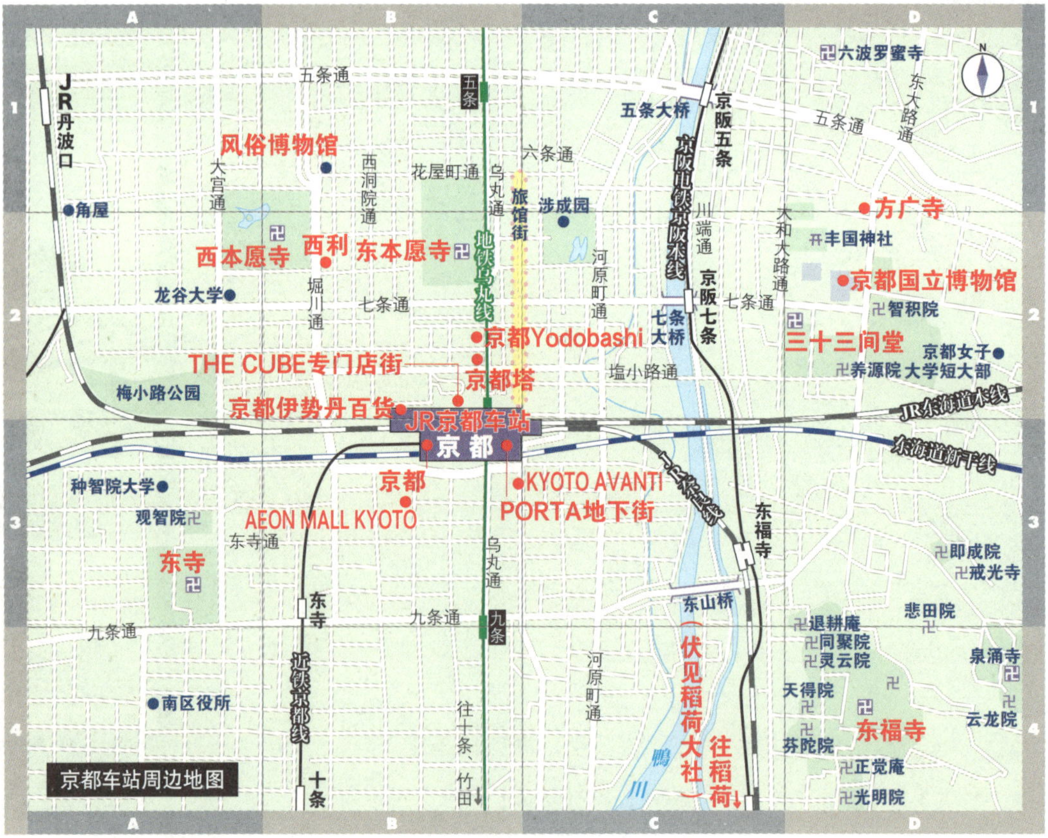

京都车站

现代的车站已不再只是交通转运站，甚至可以成为复合式商场，涵盖食、衣、住、行等各项服务，京都车站无疑是很好的典范。

JR 京都车站目前是第四代，落成于1997年，有11楼高，以超大钢骨结构、挑空设计的阶梯式广场，结合了玻璃帷幕，充满了高度的科技感，其实象征了京都棋盘式的城市规划，不过，由于造型前卫，最初也曾引起不少争议。虽然是千年古都，观光客抵达的第一印象，却是充满现代感的京都车站和京都塔，饶富趣味。

除了交通枢纽之外，京都车站也像一个大型的商城，车站的东侧是 GRANVIA HOTEL 和京都剧场，底下是地铁和 The CUBE 专门店街，西侧有 JR 京都伊势丹百货、拉面小路，以及美术馆“えき”，对于观光客来说最重要的“京都市观光案内所”则位于南北通路的二楼，提供最新的观光资讯和旅游情报。

图片提供／Span X

DATA

址 京都市下京区东小路町 901

JR 京都伊势丹百货

与 JR 线、近铁、地下铁“京都站”相连的 JR 京都伊势丹百货公司，提供给旅客相当便利的购物平台，不论是时尚的流行服饰和京都土产，在此可一站式购足。

除了购物之外，当然不可错过的就是美食，集合了关西名店与京都老铺料理餐厅，如果在七楼到十楼的餐厅用餐，还可以一面欣赏夜景，一面品味美食。至于地下的生鲜食品卖场，除了可以买到京都特有的食材，还设有“老铺便当”专区，贩售许多京都高级料亭的特制便当，其中部分便当需要事先预约，其他则可以现场购买。

DATA

电 075-352-1111 时 10:00~20:00,7~10 楼 OPEN view 餐厅 11:00~23:00，11F 餐厅街 11:00~20:00，不定休（月休一日，但旺季时全月无休）

京都市观光案内所

位于车站二楼的京都市观光案内所，具有旅游咨询、代售票券的功用，还能免费帮忙代订旅馆与饭店。不通日文的人则可以到 9 楼的京都府国际中心（京都府国际センター），这是一处专门服务外国游客的旅游中心。此外，京都车站前也设有案内所，附设电脑查询系统，方便游客了解京都交通资讯。

图片提供／Richard, enjoy my life!

DATA

电 075-343-6655 时 8:30~19:00

京都拉面小路

京都拉面小路位于车站10楼，空中走廊西侧的出入口，这儿汇集日本从北海道到九州的七家道地拉面名店，其中有些拉面店还是第一次在关西出现，也就是唯一的一家；而且这里还会不定时更换店家，以保持顾客的新鲜感。餐厅风格则以传统京风混搭现代风，仿佛置身在日本庭园、石庭与格子天井间用餐，兼具味觉和视觉的享受。

DATA
时 11:00~22:00 网 http://www.kyoto-ramen-koji.com

The CUBE 专门店街

直接坐落在京都车站大楼的地下一、二楼，以及11楼，对于要等车的旅客，是个消磨时间的好去处，也可以把握机会将礼物买齐。地下一楼基本上是京都名产专卖店，包括了和果子、京渍物、京杂货，地下二楼则是服饰类商店，11楼则是美食街，涵盖了串烧、中华料理、京料理等。

DATA
电 075-371-2134 时 B1~1楼：08:30~20:00，B2：10:00~20:00，11楼：11:00~22:00 网 http://www.thecube.co.jp

空中走廊

基本上，京都没有高耸入云的摩天大楼，因此也比较少大都市常见的光害，想鸟瞰京都的夜景，到京都塔顶楼，有绝佳视野，只是得付费，要看免费的，可以上京都车站十楼的空中走廊，长廊中有三个眺望点和望远镜，可以通过玻璃帷幕眺望市景，不论是白天和夜晚，俯视着千年古都都会带给人很大的感动。

DATA
址 京都车站10楼 时 10:00~22:00

Porta 地下街

京都车站附近的地下百货街有两处，除了The CUB E，就是位于巴士站底下的Porta地下街，商店类型大概分为餐厅、流行服饰店，以及京都特产店。该地下街的商场定位偏向年轻化、平价化，像服饰店就以少女服饰居多，而此地的餐厅也是走物美价廉路线，对于有预算压力的自助旅行者来说，也是不错的用餐选择。

DATA
电 075-365-7528 时 平日 10:00~20:00，周五、六 10:00~20:30，餐厅 11:00~22:00，咖啡馆 08:00~22:00 网 http://www.porta.co.jp

京都塔

跨出京都车站，第一眼看到的建筑物就是高耸的京都塔，造型如放大版的烛台，雪白的塔身，感觉相当摩登。京都塔高 131 米，完工于 1964 年，由建筑师山田守操刀设计。京都虽不临海，京都塔的外观却是采取灯塔造型，由于邻近东、西本愿寺，又被形容为烛台。当初在兴建时，的确也引发争议，反对派认为，京都市区不该有比东寺五重塔还要高的建筑物，最后虽然由赞成派获胜，日后也影响了京都市内大型建筑物高度限制条文的制定。塔身加上京都塔饭店，相当于 45 层楼高，顶楼是展望台，可以 360° 眺望整个京都，最远可以看到大阪，不过门票不便宜，大人要 770 日元，儿童为 520 日元。至于饭店的三楼是餐厅，一楼为名店街，地下三楼则是大浴场，风尘仆仆的旅人可以在这里泡个澡，一扫舟车劳顿，成人收费为 750 日元。

DATA

址 京都市下京区乌丸通七条下ル 时 展望台 09:00~21:00（最后入场时间 20:40） 票 展望台 770 日元 网 http://kyoto-tower.co.jp 交 京都车站出乌丸口徒步 1 分钟

东本愿寺

图片提供／tataquax

战国时代，位于大阪（古称大坂）的石山本愿寺是净土真宗的大本营，武将织田信长硬是强夺该寺的领地，后来在丰臣秀吉的支持下，将之迁往京都，也就是西本愿寺。德川家康接掌天下后，为了避免西本愿寺坐大，就在 1602 年策动创立另一个本愿寺，也就是现在的东本愿寺。江户时代，东本愿寺曾遭遇四次大火，因此现存的建筑物，多是明治时代的重建。境内最重要的建物为御影堂和阿弥陀堂，前者据说是世界最大的木造建筑物，若以榻榻米作为计量单位，有 927 块榻榻米那么大；后者目前进行修复工程中，预计在 2015 年完成。东本愿寺的展示品中，最受人注目的就是“毛纲”，据说当年兴建御影堂和阿弥陀堂时，因为搬运木材时，需要动用强韧的绳索，因此全国各地的女性就捐出自己的头发，作为编织绳索之用，信徒对于净土真宗的虔诚，以及对于东本愿寺所展现的向心力，可见一斑。

图片提供／Kentaro Ohno

DATA

址 京都市下京区乌丸通七条上ル 电 075-371-9181 时 3~10 月 05:50~17:30，11~2 月 06:20~16:30 网 http://higashihonganji.or.jp 交 JR/地下铁乌丸线“京都”站徒步 7 分钟；地下铁乌丸线“五条”站下车徒步 5 分钟

东寺

当年桓武天皇迁都平安京时，即是以中国的长安，作为规划京都的范本，设有“罗城门”作为入口，城门两侧则配置了东寺与西寺。据说最初建造的目的，并不是寺院，而是“迎宾馆”，作为接待海外使节之用，不过，后来桓武天皇为了镇压恶灵，才改为寺院，据说为了与奈良的东大寺相抗衡，建筑样式非常相似。由于西寺在战火中烧毁，如今幸存的只有东寺。知名的“弘法大师”空海从中国回日后，原本住在神护寺，因为他在密教上的造诣而受到瞩目，当时的嵯峨天皇非常欣赏他，甚至决定将东寺赐给他，作为密教的道场，后来空海将东寺改名为“教王护国寺”，扮演镇护国家的角色。

平安时代晚期，东寺曾经一度衰微，不过，镰仓时代开始，吹起“弘法大师信仰”，获得历代当权者的支持，繁盛至今。当年空海发愿兴建的五重塔，在京都塔出现前，曾经是京都的地标，寺内收藏了不少密教的佛像和文物，以不动明王像最为有名。

DATA
址 京都市南区九条町1 电 075-691-3325 时 05:00~17:30，9/20~3/19 05:00~16:30/8:30 起可进堂塔拜观 票 金堂、讲堂 500 日元/观智院 500 日元/宝物馆 500 日元/五重塔初层内部特别开放 + 金堂、讲堂（特别开放时间请见官网）800 日元 网 http://www.toji.or.jp 交 京都车站出八条口，徒步 18 分钟；市巴士 19、208 系统，在“东寺南门前”下车

西本愿寺

西本愿寺供养的是亲鸾上人，他是镰仓时代的僧侣，是净土真宗的开基者，死后，小女儿觉信尼为他创建了大谷庙堂，奠定了本愿寺的基础。亲鸾的后继者莲如后来在大阪（古称大坂）建立了石山本愿寺，由于势力庞大，被当时争霸天下的霸王织田信长视为眼中钉，双方经过长期的对峙，石山本愿寺还是落入织田信长之手。信长死后，丰臣秀吉崛起，1591 年，根据他的都市计划，将失去领地的石山本愿寺迁移到京都，就是西本愿寺。目前已列入世界遗产的西本愿寺，列入国宝的建筑物，包括了书院、北能舞台、飞云阁等，其中飞云阁跟金阁寺的金阁、银阁寺的银阁，号称“京都三阁”。境内还有枯山水庭园“虎溪的庭”，据说是以中国江西省虎溪的风景为模拟的对象，可惜平时不对外公开，不过，寺中有天然纪念物大银杏树，深秋时分，满树金黄，颇受注目。

图片提供 / Hyougushi

DATA
址 京都市下京区堀川通花屋町下ル 电 075-371-5181 时 05:30~17:30，5~8 月 05:30~18:00，11~2 月 05:30~17:00 网 http://www.hongwanji.or.jp 交 JR/近铁/地下铁乌丸线“京都”站徒步 15 分钟；京都车站前搭乘市巴士 9、28、75 系统在“西本愿寺前”下车；阪急“大宫町”站下车，在“四条大宫”公车站转搭市巴士 18、71、206、207 系统，在“岛原口”下车徒步 1 分钟

图片提供 / Hyougushi

京都国立博物馆

1897年开馆，作为帝国博物馆使用的京都国立博物馆。其本馆外观也十分醒目，建筑平面呈品字形，融合文艺复兴风格的红砖楼与巴洛克手法的细部装饰，更添细腻的文化质感。目前包括本馆（特别展示馆）、正门等均被列为日本重要文化财。旁边的平常展示馆则于大整修后，重新开馆。除镇馆的诸多国宝外，在特展设计上亦可说是紧扣京都历史脉搏。东寺的弘法大师入堂1200周年时，曾有“空海与高野”特展、“日本最古禅寺建仁寺”等，均曾作为特展主题。

DATA
址 京都市东山区茶屋町527 电 075-525-2473 时 常设展09:30~18:00，周五~20:00，每周一休（遇假顺延） 票 常设展420日元，特别展则不定 网 http://www.kyohaku.go.jp 交 在京都车站前搭乘市巴士100、206、208系统，在“博物馆.三十三间堂前”下车；京阪电车“京阪七条”站下车徒步5分钟

三十三间堂

看过2012年大河剧《平清盛》，大概就知道平安时代晚期，重臣平清盛和后白河天皇错综复杂的权力纠葛。在两人关系最好时，前者全力为后者打造了“莲华法院本堂”，由于是由三十三根立柱隔开，所以又称为“三十三间堂”（“间”是用于衡量寺院建筑长度的单位）。三十三间堂最为人称道的，是寺中供养了1001尊千手观音像，一字排开，气势非凡，也因为要保护古迹，堂中禁止摄影。

DATA
址 京都市东山区三十三间堂回町657 电 075-561-0467 时 08:00~17:00,11月16日~3月底09:00~16:00 票 600日元 网 http://sanjusangendo.jp 交 在京都车站前搭乘市巴士100、206、208系统，在“博物馆、三十三间堂前”下车；京阪电车“京阪七条”站下车徒步5分钟

东福寺

以红叶绝景闻名的东福寺，创建于1236年，曾经是京都地位相当崇高的禅寺，也是数一数二的大寺院，保留了日本最古老的禅寺三门、日本最有历史也是最大的禅堂，以及最古老的方丈。东福寺的方丈庭园也是一大特色，由近代造庭师重森三玲一手设计的枯山水景观，充满了现代艺术的前卫感，至于每年11月才开放的龙吟庵，则是少见以赤砂和石头组成的枯山水。

DATA
址 京都市东山区本町15丁目-778 电 075-561-0087 时 12月初~3月9:00~15:30 票 通天桥与开山堂400日元、方丈八相庭园400日元 网 http://www.tofukuji.jp 交 JR奈良线/京阪电车“东福寺”站下车徒步10分钟

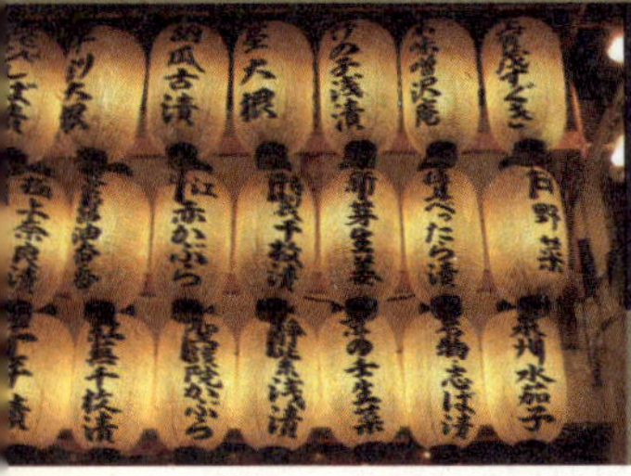

洛中 四条河原町·乌丸御池 SHIJO·KARASUMAOIKE

京都最繁华元气的商圈

这一带就是京都的“闹市区”，从阪急的河原町站为起点，沿着鸭川往北，到地铁“京都市役所前”站，往西则沿着四条大通，延伸到乌丸四条，再顺着乌丸通，到地铁“乌丸御池”，这块四方形区块，聚集了大量商家，从百年老铺，到现代化的百货公司、购物商场，加上数不尽的餐厅。如果在京都，整个行程是吃东西、买东西，要是也想选择京都礼品，不想空手而回，来这一区就对了。

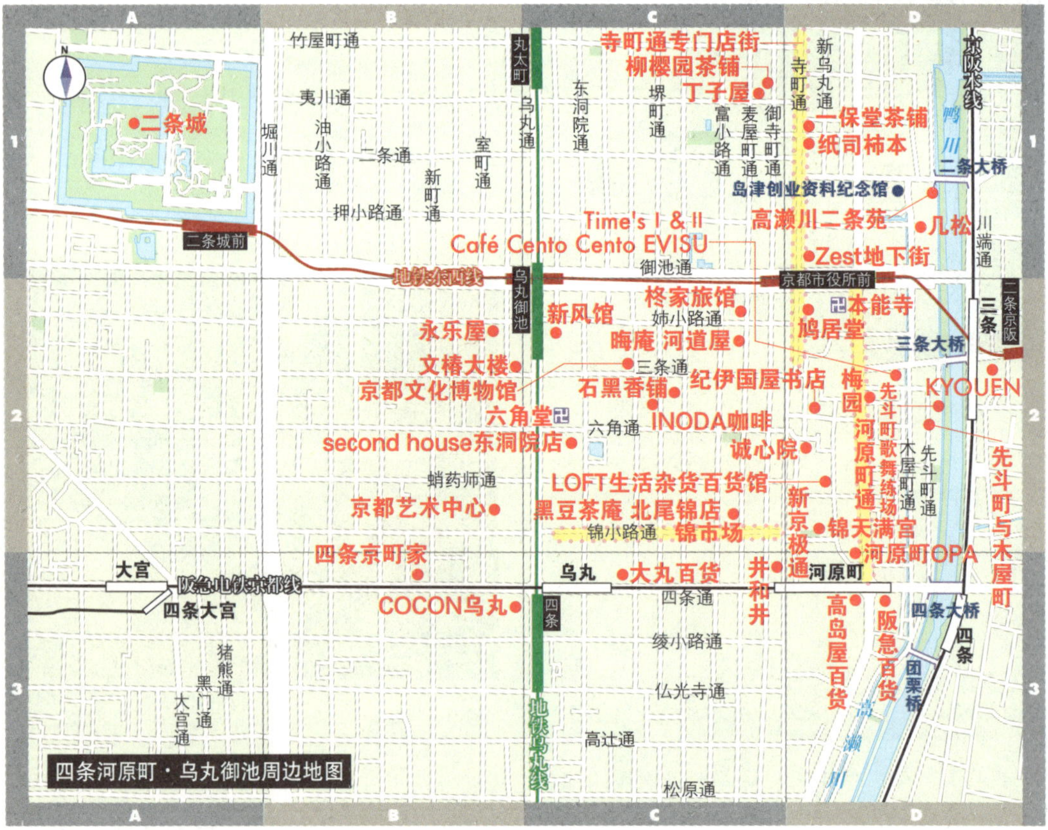

四条河原町·乌丸御池周边地图

鸭川

流经京都市中心的鸭川，河面不宽且水流极浅，正巧符合京都静谧古雅的悠闲气氛。黄昏时分，无论京都市民或观光客，都很喜爱来这儿散步，也是情侣约会的好地方。近年来地球暖化，盛夏时节非常闷热，因此鸭川上的“纳凉床”深受欢迎。所谓的“纳凉床”，指的是一些沿河而立的餐厅，利用鸭川河道所架立的露天用餐棚，从江户时代就有这样的习惯，因此还有“京都夏天风物诗”的美称。

DATA
交 地下铁东西线“京都市役所前”站，往御池大桥徒步 5 分钟

三条大桥、四条大桥

京都的水脉是鸭川，有河自然有桥，京都的每座桥都有故事。以三条大桥为例，历史相当久远，根据战国名将丰臣秀吉修建此桥的历史纪录，三条大桥的建桥时间应该更早，江户时代修筑的驿道东海道，便是以三条大桥为终点。

另一座名桥则是四条大桥，据说是靠着民间的善款，在 1142 年架设，地理位置正好成为前往八坂神社参拜的参道。四条大桥附近是南座，据说是日本最古老的剧场，经常上演歌舞伎的经典戏码。桥畔所立的铜像，正是歌舞伎始祖“出云阿国”。

DATA
交 地下铁东西线“三条京阪”站、京阪本线“三条”、“四条”等站徒步 1 分钟 注 鸭川纳凉床开设时间为每年 5 月 1 日 ~9 月 30 日，共 5 个月

高濑川二条苑

这是一家以汤叶豆腐怀石料理闻名的名店，强调采用无农药的有机大豆食材，而且可一边用餐，一边享受壮观的高濑川源流庭院景观。这里原本是私人别邸，历任主人不是豪商、银行家，就是政治家，也难怪拥有 383 年历史的庭园格外有股霸气，气势非凡。汤叶豆腐是京都极有名的一道料理，用餐时可目击从豆汁、豆皮变成豆腐的过程，捞起在烧滚的豆汁表面形成的“汤叶”，也就是俗称的豆皮，薄皮细嫩的汤叶入口即化，并且富含丰富的大豆卵磷脂，即植物性荷尔蒙，可说是美容养颜圣品。

DATA
址 京都市中京区木屋町通二条下ル东生州町 484-6 德 075-223-3456 时 11:00~22:00 费 汤叶豆腐怀石套餐 2814 日元起 交 地下铁东西线“京都市役所前”站下车徒步 4 分钟

先斗町与木屋町

先斗町紧邻鸭川，与相隔一条小河的木屋町是京都夜生活的大本营。型男酒吧、艺伎出没的料亭、靓女现身的夜店，在这里统统找得到，常见歌舞升平、把酒言欢景象。这儿有许多餐厅、居酒屋与俱乐部栉比鳞次，都是晚餐时间才营业，可说是京都吃消夜最佳去处。而木屋町比起先斗町则稍稍有点龙蛇杂处，不过只要别往静僻的暗巷走动，就不会有人身安全上的顾虑。

DATA
交 地下铁东西线“三条京阪”站、阪急“河原町”站下车徒步 1 分钟

新京极通

明治维新时代，首都迁到东京，对于千年古都是一大危机。为了避免走上衰微之路，当时的京都府参事村正直便征收原属于寺院的土地，打造成一条横跨三条通到四条通之间的商业街，与大阪的千日前、东京的浅草，并称为日本三大繁华街。如今，新京极通仍然是人群聚集的闹市区，这一带服饰店、药妆店、餐厅聚集，走平价、年轻化路线，因此经常可见年轻学子的身影。

DATA
址 京都市中京区新京极通 时 一般为 10:00~21:00（各店不同）网 http://www.shinkyogoku.or.jp 交 地下铁东西线“京都市役所前”站徒步 5 分、阪急电车“河原町”站下车徒步 1 分钟

寺町通专门店街

位于三条通与御池通之间的寺町通，是京都最好逛的商店街之一，藏着绿茶铺和寿司店等大有来头的老字号，也有不少古董铺，走逛之间极有寻宝乐趣。寺町通拥有不少京都代表性老铺，像是专卖文房四宝的鸠居堂、专卖佛教书籍的其中堂以及专卖煎饼的龟屋良友等，甚至还有一家创业已280年的古书店——竹苞书楼，是一条饶富古意的购物街。

DATA
址 京都市中京区寺町通三条上ル时一般为 10:00~19:00（各店不同）网 http://www.teramachi-senmontenkai.jp 交 地下铁东西线“京都市役所前”站下车徒步 1 分钟

诚心院

诚心院与北面的本能寺一样，都位于人来人往、热闹滚滚的商店街内。不过本能寺占地宽广，诚心院则需要稍微仔细留意些，才找得到入口。这座小寺院与日本平安时代最有名的女诗人“和泉式部”有很深的渊源。院内除了高约 4 米的和泉式供养塔，还有 25 尊演奏乐器的菩萨石雕。

DATA
址 京都市中京区新京极通六角下ル中筋町 487 交 地下铁东西线“京都市役所前”站、阪急“河原町”站下车徒步 7 分钟

京都艺术中心

由过去的明伦小学改装而成的京都艺术中心，有艺术家的工作室、展览室、资料室，也有表演空间，是一处充满艺术气息的地方。对游客来说，一楼的咖啡座，是极佳的歇脚处，气氛宁静幽雅。

DATA
址 京都市中京区室町通蛸药师下ル山伏山町 546-2 时 10:00~22:00 票 平日免费，公演或展览时则不定 网 http://www.kac.or.jp 交 地下铁乌丸线“四条”站、阪急“乌丸”站下车徒步 5 分钟

锦市场

旅游达人都知道，要了解一座城市，最好的方式，就是去造访它的市场。四条通北侧的锦小路，过去是个鱼市场，现在成为“锦市场”，有“京都的厨房”美誉，本地人来此采购生鲜食材，观光客到这里吃平民美食，开市的时段，人潮总是络绎不绝。历史悠久的锦市场，沿街有超过一百家的商家，甚至有很多创业多年的老店，贩售生鲜食材、京渍物和果子、干货、杂货。深受观光客欢迎的商品包括了“こんなもんじゃ”的豆乳冰激凌、“三木鸡卵”的日式蛋卷，老店“西利”和“桝俉”的京渍物，“もちつき屋”的现烤麻薯等，观光客可以边吃边逛，除了大饱口福，也可以近距离地感受京都人的日常生活，逛累了想坐下来，市场内也附设不少餐馆和食堂。

DATA

址 京都市中京区锦小路通 时 视各店家而定，一般多为10:00~18:00 网 http://www.kyoto-nishiki.or.jp 交 地下铁乌丸线“四条”站、阪急电车“四条”或“河原町”站下车徒步5分钟

柊家旅馆

到古都旅行，难免也想尝试入住日式传统旅馆，如荷包够鼓，创业于1818年，柊家旅馆是不错的选择，曾赢得大文豪川端康成赞誉“拥有令人怀念的日本宁静”，与邻近的炭屋、俵屋，名列京都三大传统旅馆。目前，柊家旅馆有28间房间，除了一间是西式房间，其他都是和式房间，室内装潢相当典雅，保留了传统的京都风情，房间内几乎每件用品都有着该旅馆的青叶图案。传统旅馆的特色就在服务，柊家旅馆的服务相当仔细到位，务必让客人宾至如归，客人住宿时所提供的晚餐和早餐，向来也备受好评。

DATA

址 京都市中京区麸屋町姉小路上ル中白山町 电 075-221-1136 网 http://www.hiiragiya.co.jp 交 地下铁东西线“乌丸御池”站下车徒步10分钟

六角堂

正式名称为“顶法寺”，由于本堂建筑呈六角形，因此被昵称为六角堂，相传是日本历史上最英明的政治家“圣德太子”在587年创建，六角屋顶代表着人眼、耳、鼻、舌、身、意六欲。此外，六角堂最为人所津津乐道的是，这里与日本花道“池坊派”有很深的渊源，日本花道的起源就在这里。

DATA

址 京都市中京区六角通东洞院西入堂之前町248 电 075-221-2686 时 06:00~17:00 网 http://www.ikenobo.jp/rokkakudo 交 地下铁东西线/乌丸线“乌丸御池”站下车徒步3分钟

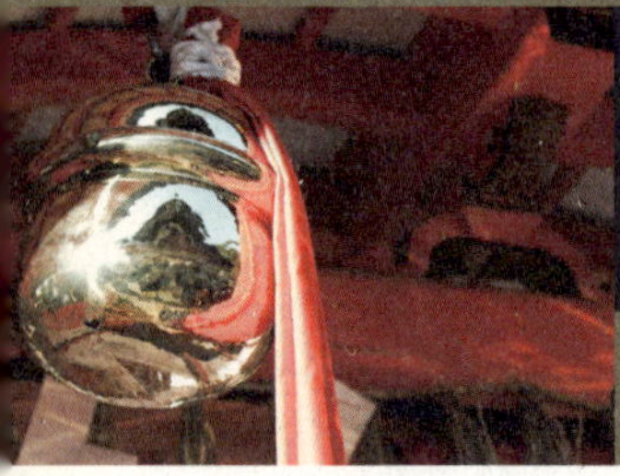

洛东 冈崎(平安神宫周边) OKAZAKI

近代京都文化和艺术中心

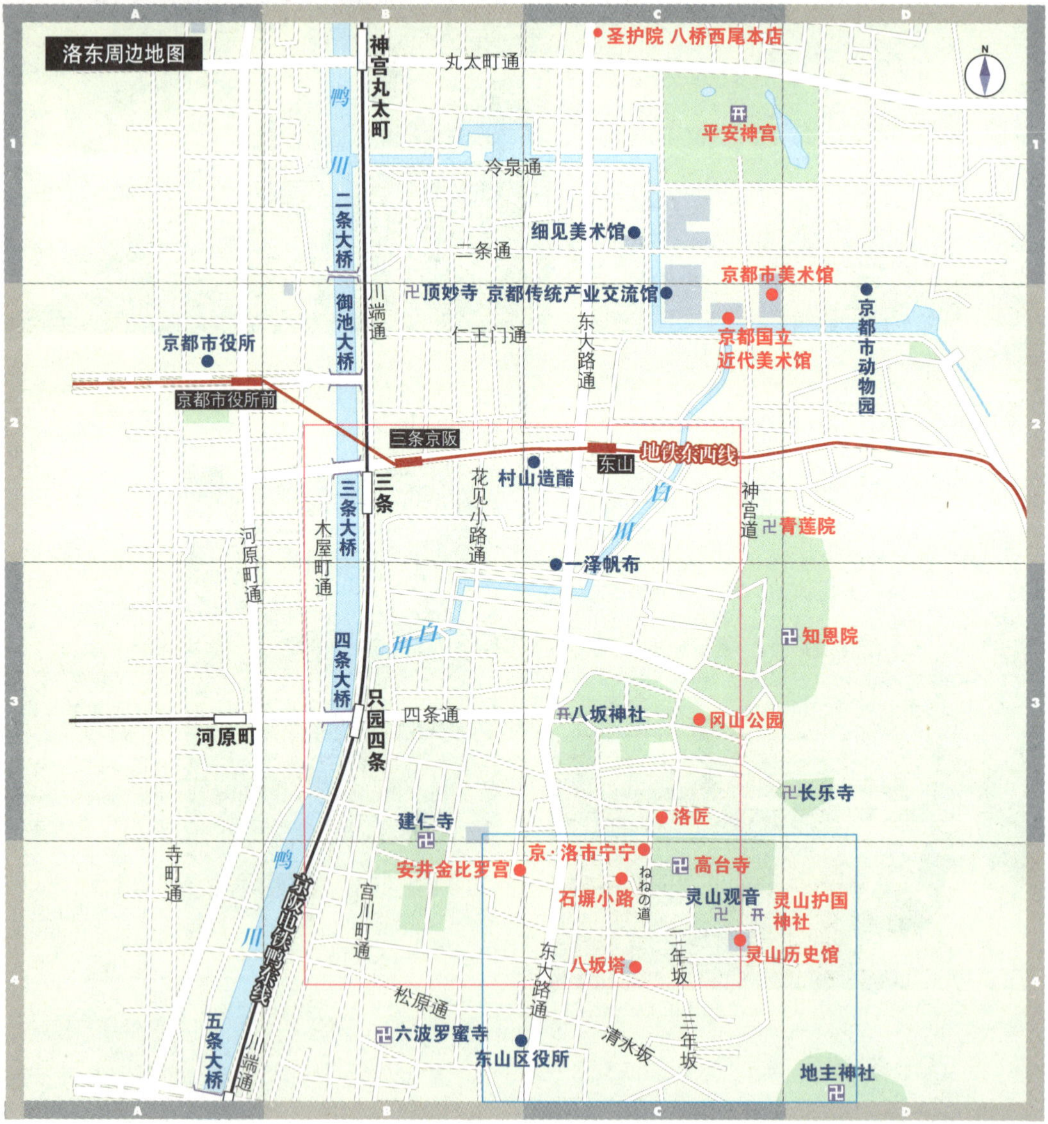

平安神宫

1895年，为了纪念平安建都1100年，京都举办“迁都纪念节”，并创建了平安神宫，供奉当年迁都的桓武天皇，以及在京都的最后一任天皇孝明天皇。平安神宫内的建筑都采取5/8的比例，再现平安都城的风采，像应天门及大极殿，就是重现昔日的“大内里朝堂院”。至于神宫前的大鸟居，建于日本昭和初期，高24.4米，最下面的柱子的周围有11.4米宽，号称日本最大规模的宫殿建筑。

平安神宫的另一个亮点，就是名为“神苑”的庭园，由知名造庭师小川治兵卫所设计，占地30 000平方米，四季都有应景花卉，不过最让人心荡神摇的景色，则是四月的樱花。苑中的栖凤池面，映照着粉色枝垂樱的身影，难怪大文豪川端康成的《古都》、谷崎润一郎的《细雪》，都安排了女主角到平安神宫赏樱的情节。除了白天，平安神宫的夜樱也是美得让人沉醉。另外，夏季的神苑，有燕子花和睡莲盛开，景色也是如诗如画。

DATA

址 京都市左京区冈崎西天王町 时 06:00~18:00,3月中~8月06:00~18:00;神苑08:30~17:30，11月~2月08:30~16:30 票 神苑600日元 网 http://www.heianjingu.or.jp 交 地下铁东西线“东山”站，徒步10分钟；市巴士5、32、100号公车，在“京都会馆美术馆前”站下车

京都国立近代美术馆

1963年开馆的京都国立近代美术馆，灰色花岗岩的外观充满了时尚感，以京都派的日本画以及日本关西一带的艺术家作品为收藏重点，目前已有超过8000件收藏品，版画、雕刻、陶艺工艺品等著名特藏，随时都有不同主题的珍藏展及特展。馆内空间开放感十足，漫步其间，不但可感受艺术美感，亦有身心充分洗涤之效。

DATA

址 京都市左京区冈崎圆胜寺町 时 09:30~17:00；每周一休息 票 常设展420日元，特别企画展则依各展览不同 网 http://www.momak.go.jp
交 地下铁东西线“东山”站，徒步7分钟；市巴士5、32、100系统在“京都会馆美术馆前”站下车

洛东 祇园周边 GION

京都旧时风华

所谓的祇园，一般是以八神社为中心，范围包括祇园商店街、花见小路、新桥白川等，涵盖东山以至于鸭川左岸之间。提到京都，一定不会漏掉艺伎，也立刻会让人联想到祇园，可说是京都之旅的精华所在。观光客所向往的种种京都印象，如古寺、艺伎、小路散步、老铺挖宝，以及日本传统文化，甚至还有樱花、红叶等，都可以在祇园发现与体验。

祇园一带，大概是京都观光客密度最高的地区，此地除了有知名的八坂神社、清水寺、建仁寺，还有各式各样的百年老铺和餐厅，是观光客寻找"京都味"时不能错过的地方。

八坂神社

八坂神社原名“祇园感神院”，原本有佛教色彩，明治维新推动“神佛分离”政策，便改为八坂神社（此地古代地名即为八坂）。关于八坂神社的创建，说法很多，但是都跟牛头天王有关。牛头天王是印度释迦牟尼诞生地祇园精舍的守护神，也被视为药师如来的化身，后来还跟日本神话中的素盏鸣尊结合。牛头天王是 “疫病神”，祭祀牛头天王，即有消灾除病的意义。京都三大祭典中的祇园祭，正是跟牛头天王有关。平安时代，由于瘟疫不断，于是通过大规模祭祀牛头天王的活动，希望能有效镇压传染病，从此成为京都夏日盛事，虽因战乱一度中断，从 1500 年后一直延续至今。除了祇园祭，跟八坂神社相关的另一项祭典，则是除夕夜的“白朮诣”。参拜者可以在现场购买特殊处理过的火绳，以神社中的净火点燃之后，将火苗带回家，烹煮新年料理“杂煮”，据说就有消除疫病的效果。

DATA

址 京都市东山区祇园町北侧 625 网 http://web.kyoto-inet.or.jp/org/yasaka 交 京阪电车“祇园四条”站下车，徒步 10 分钟；市巴士 46、100、201、202、203、206、207 系统，在“祇园”下车

祇园新桥

祇园新桥一带林立着整排的日式老屋，非常具有古都风情。这些日式传统老屋在江户时代曾是剧场或茶屋，红伞、木门、竹帘，加上还有一条垂着杨柳、伫着粉樱的白川流过，气氛之好，是京都最受欢迎的散步道之一，也是日本国家指定的传统建造物保存地区。新桥白川最美的时候是春天樱花盛开的时节。此外，这儿还有一块日本诗人吉井勇的歌碑，更添幽美意境。

DATA

交 京阪电车“祇园四条”站下车徒步 5 分钟，或搭乘 31、46、80、201、203、207 号公交车在“四条京阪前”下车徒步 5 分钟

かづら清老铺

かづら清老铺以贩售艺伎、舞伎专用的发饰品著称，店内有各种名贵的梳子及珠花簪子，个个精致得不得了，让人更加了解艺伎们高贵的行头。かづら清老铺的另一项招牌商品是椿油，椿油的特色在于可保持发丝乌黑亮丽，自古就是护发圣品。这家百年老店有自己的椿花园与榨油场，品质绝对保证。

DATA

址 京都市东山区四条通祇园町北侧 285 时 09:30~19:00，每周三休息 费 椿油 1500 日元左右 网 www.kazurasei.co.jp 交 京阪“祇园四条”徒步 7 分钟，或搭乘 46、100、201、202、203、206、207 号公交车在“祇园”下车徒步 1 分钟

建仁寺

位于祇园花见小路底的建仁寺，是京都第一所禅宗寺院，建于1202年，开山始祖为荣西禅师。荣西禅师（1141—1215年）是日本佛教史上的重要人物，他曾两度赴中国宋朝并登天台山学禅。此外，相传茶叶也是他带回日本的，并著有《吃茶养生记》。而历史悠久的建仁寺，目前寺内仍有不少国宝级文物，尤其寺内由俵屋宗达所绘的风神雷神，是日本极具代表性的历史名画。

DATA
址 京都市东山区大和大路四条下ル小松町584 时 10:00~16:30，11月~2月10:00~16:00 费 500日元 网 http://www.kenninji.jp 交 京阪电车“祇园四条”站下车徒步7分钟，阪急“河原町”站徒步10分钟，或搭乘80、100、202、206、207号公交车在“东山安井”下车，徒步5分钟

安井金比罗宫

走进安井金比罗宫，幽静的石板路两侧伫立着樱树、灯座、石柱，板道尽头是两三幢历经岁月沧桑的木造建筑；而从入口处的石鸟居上就挂着“斩恶缘、结良缘祈愿所”的布条，就很清楚信众们的来意。神社前一块长宽约1.5米×3米的巨石，是最出名的“绝缘结缘石碑”，上头系满密密麻麻白色的“缘切结”，完全看不出石头原来的样貌，简直就像一座爱情坟墓，却吸引了不少想要摆脱“烂桃花”的女性，来此斩断恶缘，可见得香火有多么鼎盛。

DATA
址 京都市东山区东大路松原北西侧 电 075-561-5127 网 http://yasuikonpiragu.or.jp 交 搭乘80、100、202、206、207号公交车在“东山安井”下车，徒步3分钟

洛匠

京都的甜品老店不胜枚举，洛匠位于高台寺附近，游客必点的人气商品是草蕨饼，是一种以黄豆粉配以抹茶味的糕点，入口软绵又不太甜，虽是日式甜点，配咖啡也是不错的搭配。除了草蕨饼，洛匠的水羊羹、抹茶蜂蜜蛋糕也很有名，水羊羹装在竹筒中，有着竹子淡淡的清香，非常适合夏天食用。除了甜点，洛匠的用餐环境也相当舒适，窗外就是美丽的日式庭园，池中养了多只锦鲤，据说身价不凡，也成为洛匠的招牌，台湾作家朱天文在小说《古都》中就提过洛匠的锦鲤。

DATA
址 京都市东山区高台寺北门通下河原东入鹫尾町516 电 075-561-6892 时 09:30~18:00 费 和果子+抹茶套餐约800日元 网 http://www.rakusyou.co.jp 交 搭乘80、100、202、206、207号公交车，在“东山安井”下车，徒步8分钟

円山公园

位于八坂神社左侧，原本是祇园感神院（即现在的八坂神社）的庭园，明治维新之后，原来的土地收为国有，便改为公园，以邻近的円山为名，是京都最古老的公园。不过，现在的景观，则是大正时期，由知名造庭师小川治兵卫所设计。円山公园是京都的赏樱名所，尤其以夜樱闻名，每当樱花时节，花树下便挤满赏花人潮，彻夜喝酒唱歌，热闹有如夜市。

DATA
址 京都市东山区円山町473 电 075-561-0533 交 搭乘46、100、201、202、203、206、207号公交车在“祇园”下车，徒步3分钟即抵

一泽信三郎帆布

去法国巴黎，通常都要买个 LV 包包，至于到京都，最受欢迎的包包则是一泽信三郎帆布包。老店原名一泽帆布，创业于 1905 年，据说当时是自行车开始普及，一泽帆布因应当时的需求，生产可以挂在车把上的包包，便于放置个人物品。由于是纯手工缝制，坚固好用，口碑逐渐传开，近年来开始深受观光客的喜爱。不过，随着第一代老板过世后，家族发生遗嘱纷争，主掌家业的三儿子信三郎决定带领一群老师傅出走，自立门户，另外成立了信三郎帆布，跟老店位于同一条街上，打对台的意味相当明显。由于信三郎和他的团队，原本就拥有制作帆布的关键技术，因此生意远远胜过老店，形成一边门庭若市，另一边门可罗雀的强烈对比。不过，经过了 5 年的僵持，信三郎终于在 2011 年回到老店，重新扛起家传的品牌。一泽信三郎帆布出产的包包，牢固实用，样式多元，只是因为手工缝制，价格当然也不便宜，不过，相对于所谓的大名牌，还是实惠许多。

DATA

地 京都市东山区东大路古门前北 电 075-541- 0436 时 09:00~18:00，每周二休 网 http://www.ichizaashinzaburohanpu.co.jp 交 地下铁东西线“东山”站徒步 5 分钟；京阪电车“祇园四条”、“三条”站下车徒步 15 分钟；市巴士 206 系统，“知恩院前”下车，徒步 2 分钟

优佳雅美妆品

以艺伎娃娃脸为商标的“优佳雅美妆品”，贩售的商品以化妆用具与保养品为主，虽然并非国际名牌，但因为标榜“连艺伎也爱用”，因此店内总是人山人海，尤其是吸油面纸，可说是来到京都的必买“圣品”。“优佳雅”在京都有多家分店，除了位于四条通与花见小路交叉口的祇园店之外，在新京极、三年坂、三条通、岚山等京都各个著名景点也都能买到。

DATA

地 京都市东山区祇园四条花见小路东北角 电 075-541-01777 网 http://www.yojiya.co.jp 时 10:00~20:00 交 地下铁东西线“三条京阪”站 2 号出口出站徒步约 12 分钟可抵，或于“东山”站 2 号出口出站徒步约 15 分钟可抵

茶寮都路里

来到京都旅游，除了汤豆腐等京风料理，抹茶甜点也是非吃不可的美食。都路里是祇园商店街上人气最旺的甜品屋之一，由销售宇治茶的茶商所经营，因此各式抹茶甜点特别出名，不但宇治金时远近驰名，还有各式各样季节限定的甜品，使得店门口总是大排长龙。现在京都车站的伊势丹百货 6 楼也有分店，可就近大饱口福。

DATA

地 京都市东山区祇园町南侧 573-3 时 10:00~22:00、除新年假期外全年无休 网 http://www.giontsujiri.co.jp 费 各式甜点 1000 日元起 交 搭乘 31、46、80、201、203、207 号公交车在“四条京阪前”下车，徒步 3 分钟可抵

祇园小森

位于新桥通上、白川畔的祇园小森，不但地点绝佳，门口一顶气息古雅的红伞更是醒目。这家店前身是一间茶屋，整座建筑充满了难以言喻的京都气息，甚至还有庭园造景。店内的桌椅摆设传统风味十足，楼上靠窗座位春天可见樱花绽放，秋天可见枫红片片，露台榻榻米上还可近观白川潺潺流水，一边欣赏美景一边享用甜品，让人心旷神怡。店里主打商品有日式甜点，栗子年糕红豆汤（くりもちぜんざい）、白玉蜜豆（白玉クリームあんみつ）以及各式抹茶甜品及冰品等。

DATA

地 京都市东山区新桥通大和大路东入元吉町 61 电 075-561-0504 时 11:00~21:00（周日至 20:00），每周三休息 费 各式甜点 1000 日元起 网 http://www.giwon-komori.com 交 京阪电车“祇园四条”站下车徒步 8 分钟，或搭乘 31、46、80、201、203、207 号公交车在“四条京阪前”下车徒步 8 分钟

洛东 清水寺周边 KIYOMIZUTERA

古都风情不绝于途

清水寺周边是京都最具传统情调的一区，从清水起步，经过二年坂、三年坂，然后与高台寺的宁宁之道、石小路连成一气，再转往八神社、祇园，这条散步路线可说是京都观光客的最爱，沿途京都情调的餐厅与纪念品店一间又一间，游客将可在此度过京都之旅中最充实的一天。

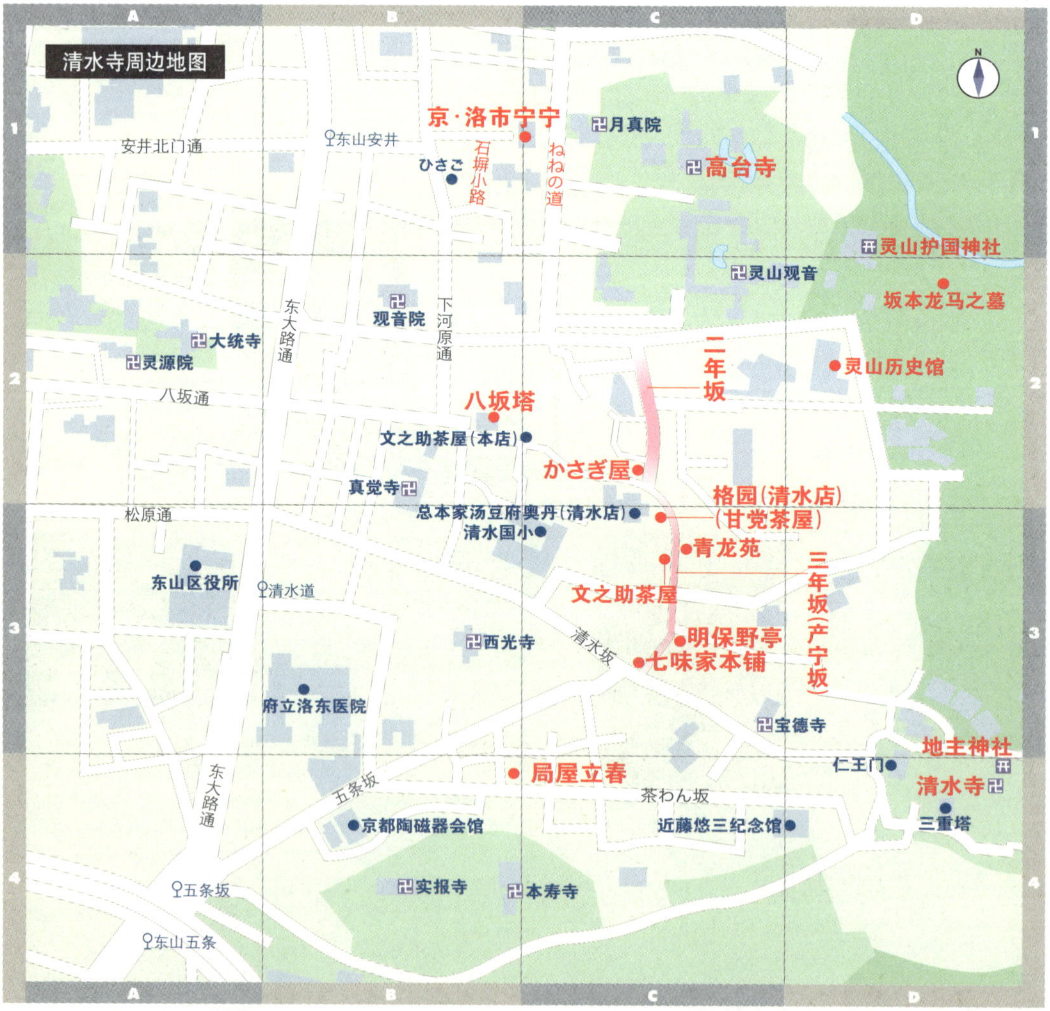

清水寺

京都人气指数最高的寺院，首推清水寺。创寺背景很传奇，据说在778年，有一名僧侣根据梦中的指示，往北走找到一条金色的河流，溯源而上，就是音羽瀑布，僧侣在此结草庐，又遇到神秘白衣老者交办他在此成立寺院。后来僧侣巧遇当时的大将军坂上田村麻吕，并治好了对方妻子的疾病，田村麻吕便全力协助清水寺的创建。清水寺因“观音信仰”而香火鼎盛，由于此地春樱、新绿、秋枫皆美，吸引大量游客，据说一年的参拜者高达450万人，人潮从早到晚不歇。游客造访了知名的“清水舞台”后，可到下方的音羽瀑布，以长长的水勺接山泉水来喝。山泉水共有三道，据说喝上其中一道，能实现健康长寿、学业、姻缘三愿的其中一愿；但是如果太贪心，全部都喝，所有的愿望反而都会落空。另外，清水寺还有随求堂，提供“环游胎内”的体验活动，整个空间没有光线，凭借佛珠状的栏杆在黑暗中行动，象征在大随求菩萨的胎内行走。

DATA

址 京都市东山区清水1-294 时 06:00~18:00，8及9月06:00~18:30（春、夏、秋季另有夜间特别拜观时间，将提早半小时关门后，于1小时后再开放） 票 300日元，夜间特别拜观400日元 网 http://www.kiyomizudera.or.jp 交 搭乘46、100、201、202、203、206、207号公交车在“清水道”或“五条坂”下车，徒步10分钟

Tip 清水舞台

清水寺的本堂曾经因为火灾而遭到损毁，江户时代，在三代将军德川家光的支持下，重新改建，建筑物的前方架出了一个平台，底下以139根长柱子支架起来，称为“清水舞台”。这种建筑样式在当时来说，相当罕见，却没有受到排斥，民间甚至盛行“从清水舞台跳下去”的说法，象征下定决心、放手一搏。不过，从1694年到1864年间，真的发生了234件的“跳清水舞台”事件。明治政府为了禁止这种行为，便架起护栏，避免意外发生。

高台寺

日本战国三雄之一的丰臣秀吉相当风流，但是他跟发妻北政所（小名宁宁）感情甚笃，也成为一段历史佳话。秀吉死后，北政所便剃度为尼，在德川家康的支持下，在京都东山兴建了高台寺，作为凭吊亡夫的寺院。虽然经过了几次大火，高台寺的表门、开山堂、灵堂、伞亭、时雨亭都保存至今。高台寺同时也是京都的赏樱、赏枫名所，特别是夜樱、夜枫的灯光秀，相当凄美迷离。高台寺旁还有掌美术馆，展出相关文物，持高台寺拜观券便可免费参观。

DATA

址 京都市东山区高台寺下河原町526 电 075-561-9966 时 09:00~17:00 网 http://www.kodaiji.com 票 600日元（含高台寺掌美术馆）
交 搭乘100、202、206、207号公交车，在“东山安井”下车，徒步5分钟

八坂塔

八坂塔原属法观寺一部分，不过目前这座塔比寺庙更有名，走在东山一带，八坂塔是非常醒目的地标。由于八坂塔周边是所谓的风土保存地区，禁止兴建高楼，因此这座 40 米高的五重塔就是东山最高的建筑，成为当地的象征。

DATA

址 京都市东山区清水八坂上町 388 时 10:00~16:00 票 400 日元 交 搭乘 80、100、202、206、207 号公交车在“东山安井”下车，徒步 10 分钟

梅园清水店

创业于 1927 年的梅园，在京都虽然还称不上是老店，但店内甜品口味相当受到肯定，本店位于京都最热闹的河原町通。梅园在产宁坂的分店，与本店一样，有许多日式传统甜食，串烤丸子（みたらし团子）与蕨饼（わらび饼）都是这里的名物。

DATA

址 京都市东山区清水产宁坂 3-3（三年坂） 时 10:30~18:00 网 http://www.umezono-kyoto.com 费 单品 600 日元起

局屋立春

“局屋立春”的祖先曾经在朝廷中担任武士，女性则在宫中服务，称为“局”。武士制度废除后，则以“局家”之名担任公职，屋号就称为“局屋”。第三代的当家之主从事京果子生意，在 1970 年创立本店。由于他所信奉的曹洞宗（禅宗的一支）很重视立春，视为一年之始，因此又称为“局屋立春”。这家店坐落于前往清水寺的“茶碗坂”上，根据季节的不同，提供不同的茶点，人气商品包括了“庭栗”，馅中包着栗子，风味绝佳，还有“柚滴”，将蜜渍的花柚子中挖空，填入柚子馅，吃的时候柚子香沁入唇齿间。另外，该店也提供果子制作的体验课程，一小时为 2000 日元。

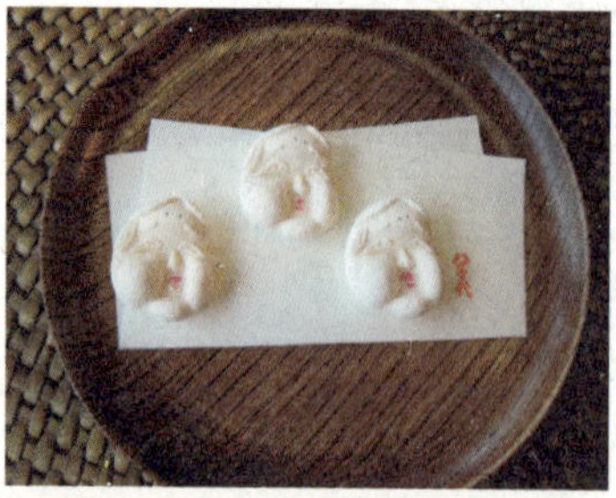

图片提供／Conveyor belt sushi

DATA

址 京都府东山区五条大桥东 6 丁目 583-75 电 075- 561-7726 时 10:00~17:00（周三休息） 交 搭乘 80、100、202、206、207 号公交车，在“五条坂”下车，徒步 5 分钟

七味家本铺

在日式定食店或拉面店用餐，餐桌上常会出现一小瓶七味粉，由七种香料组成，可让汤头的风味大为提升。生产七味粉的厂商不少，但是味道最道地，首推这家七味家本铺，创业已经超过 350 年，原本以“河内屋”从事茶叶的生意，曾经将辣椒粉拌入热水中，提供给清水寺的参拜者饮用，好评不断，便转做七味粉生意。人气商品除了七味粉，据说柚子粉也相当迷人。

DATA

址 京都市东山区清水二丁目产宁坂角 电 075-551-0738 时 09:00~18:00 网 http://www.shichimiya.co.jp

洛东 银阁寺周边 GINKAKUJI

水岸四季风情如画

春樱、秋枫是京都人气最旺的季节，而银阁寺周边的赏樱、赏枫景点密度极高，整整逛一天也逛不完。如果以“三门、红叶、水路阁”的南禅寺作为起点，此地的樱花和枫叶都非常有名。从三门登高，还能眺望京都市区，三门周边有大片的枫林，秋季的迷人景观让人赞叹。往前走可达红叶名所永观堂，境内3000株枫树同时转红的盛况让人如痴如醉。到了四季皆美的“日本百大名道”哲学之道，此地的樱花盛开时，长长的粉色步道，气氛十分浪漫。至于银阁寺周边还有法然院，安乐寺，也有美丽的“枫景”可以欣赏。

银阁寺

京都的金阁寺、银阁寺名声响亮，前身都是室町时代将军的住所，后来改为寺院。银阁寺的主人为第八代将军足利义政，他原本雄心壮志，想要效法祖父足利义满（金阁寺的创建人），在政治上有一番作为，然而缺乏政治才能，将政局搞得一团混乱，喜爱风雅事物的他，索性躲回庭园的世界，精心打造新住所东山殿。义政死后，北山殿变成寺院，经过多年战火的洗礼，当初的建筑物已所剩无几，江户时代重新整建，银阁寺之名也是从那时候才流传开来。足利义政时期的建筑物，现存的只有东求堂和观音殿。由于义政很喜欢西芳寺，这两幢建筑都是以西芳寺为典范，其中，观音殿分为上下两层，上层是佛殿，下层是书院式的住宅，也算是一种复合式的建筑。银阁寺的枯山水庭园中，有知名的望月台、银沙滩，在白砂上划出利落的线条，造型素朴，却有很大的想像空间，其实都是江户时代造庭师的作品。

DATA
址 京都市左京区银阁寺町 2 时 3~11月 08:30~17:00，12~翌年 2 月 09:00~16:30 网 http://www.shokoku-ji.or.jp/ginkakuji 票 500 日元 交 搭乘 5、17、93、102、203、204 号公交车在“银阁寺道”下车，徒步 10 分钟

哲学之道

一个景点的名气，除了景观有特色，名人的拥持、加入也很重要。鼎鼎大名的哲学之道，连接银阁寺和南禅寺，全长约1500米，本身其实是一条水道贯穿的步道，风景虽然怡人，不过因为曾经是京都哲学家西田几多郎平时散步沉思的小径，人文气质因此变得更为浓厚，被选入日本百大名道之一。

哲学之道四季皆美，不过，最美的季节在春天，由于水道两侧遍植樱树，樱花盛开时，粉色花朵串连成云，相当美丽；若遇到樱吹雪时，又是一番凄美气氛。这里的樱花称“关雪樱”，由画家桥本关雪所捐赠，他是大正时期活跃于京都画坛的画家，邸所正位于哲学之道旁，目前改建为桥本关雪纪念馆，庭园值得一看，不过门票不便宜，要 800 日元。

DATA
交 搭乘 5、17、93、102、203、204 号公交车，在“银阁寺道”下车，徒步 5 分钟

洛西 衣笠·御室 KINUGASA·OMURO

富丽的金阁寺周边

一般人对日本的室町时代可能不是那么熟悉，其实，我们现在熟知的日本传统文化，都跟室町时代的文化有很深的渊源。在洛西的衣笠、御室一带，就存在着室町时代兴建的金阁寺、龙安寺、等持院，很值得细细品味。

仁和寺

日本深受佛教思想影响，即使连天皇也不例外，虽然已是身居高位，享尽荣华，最后仍看破红尘、遁入空门。仁和寺最初由光孝天皇所兴建，完工之前便过世，由宇多天皇继承遗志，完成建寺，后来自己也让位，在仁和寺出家。因为有天皇在寺中，仁和寺也就称为“御寺”。明治维新之前，在仁和寺出家修行的皇族不计其数，寺内部分建筑物还是从御所移建过来。除了跟皇族结缘甚深，仁和寺另一个特色，就是寺内种植的御室樱，本名是多福樱，树身低，伸手可及，花期在四月下旬，是京都最晚开的樱花。

DATA

址 京都市右京区御室大 33 时 12~2月09:00~16:30 票 御殿500日元，灵宝馆（期间限定）500日元，御室樱开花期间特别入山料500日元 网 http://www.ninnaji.or.jp 交 搭乘8、10、26、59号公交车，在“御室仁和寺”下车；京福电车“御室仁和寺”站下车徒步3分钟

金阁寺

因为日本大文豪三岛由纪夫的同名小说，让金阁寺名气大增。其实金阁寺正式的名称是鹿苑寺，因为寺中的舍利殿贴满金箔，实在太抢眼了，因此“金阁寺”之名更广为民间熟知。金阁寺的主人是室町时代第三代将军足利义满，他凭借着政治手腕，终结了南北朝的对立，又靠着商业脑袋，积极跟明朝展开贸易上的合作，赚了不少钱，声势如日中天，晚年便在京都北部打造北山殿，作为个人住所。义满死后，其子义持便改为禅宗的寺院，寺名则来自义满的法号“鹿苑”。金阁曾因为战火而烧毁，江户时代的住持凤林承章将堂舍、庭园重新整备，成为今天金阁寺的风貌。不过在1950年，金阁又因为纵火事件而付之一炬，现在的金阁是火灾后的重建。除了金阁之外，寺内的庭园也很有可看性，虽说四季风光都相当宜人，不过，最为人津津乐道的景象，则是“雪金阁”，银白世界中，仍有金阁闪闪发光，绝对会是终生难忘的画面。

DATA

址 京都市北区金阁寺町 1 时 09:00~17:00 票 400 日元 网 http://www.shokoku-ji.or.jp 交 搭乘 12、59 号公交车在“金阁寺前”站下车，徒步 1 分钟；搭乘 101、102、204、205 号公交车，在“金阁寺道”站下车徒步 3 分钟

洛西 岚山·嵯峨野 ARASHIYAMA·SAGANO

饶富文学韵味的幽静山林

岚山、嵯峨野是京都代表性的风景区，这儿有山有水，自古就以秀丽静谧的氛围吸引游人，在日本古典文学，如《源氏物语》《小仓百人一首》等名著中，也有许多文人墨客书写此地的文章词语。由于岚山、嵯峨野的名气越来越大、商店越来越多，假日稍嫌人声嘈杂，遇上樱花与红叶季节更是人山人海，与诗文中那种寻幽访胜的气氛，有着相当大的差距。尽管如此，这儿的风景与古迹，真的非常值得欣赏，即使人潮众多，还是可以玩得很尽兴！

岚山·嵯峨野周边地图

保津川 + 渡月桥

岚山风景区主要以保津川为焦点。保津川两岸不只有青翠秀绿的山林，也由于水流缓慢，还能行舟于河上，而渡月桥则让保津川更添古意，全长约 115 米，是岚山最醒目的地标。有趣的是，尽管这一段的保津川以幽静取胜，但上游却有急流与峡谷，部分河段还可以进行刺激的激流泛舟。另一方面，从保津川畔的岚山公园，可以通往嵯峨野古寺群，公园深处还有此地最负盛名的竹林，竹林小路的尽头就是天龙寺的北入口，游客可以从此展开古寺巡礼。

DATA

址 在 JR 京都站搭乘 JR 嵯峨野线“嵯峨岚山”站徒步 13 分钟，28 号公交车至“岚山”、“岚山公园”等站即达；或搭乘阪急电车“岚山”站下车徒步 5 分钟，京福电铁“岚山”站下车徒步 1 分钟

野宫神社

从天龙寺往北走，坐落在竹林小径中的野宫神社，门前有知名的黑木鸟居。在古代的日本，未婚的内亲王（女性的皇嗣）必须先在郊外清净之地住在 1 年，才能前往伊势神社担任“斋宫”，而她的居住之地就称为“野宫”。南北朝时期，该制度遭到废除，昔日的野宫便改为祭祀日照大神的神社。紫式部曾将野宫神社写入《源氏物语》的“贤木”篇，如今以祈求良缘相当灵验而有名。

DATA

址 京都市右京区嵯峨野宫町 1 电 075-871-1972 时 09:00~17:00 网 http://www.nonomiya.com 交 JR“嵯峨岚山”站下车徒步 7 分 钟；京福电车“岚山”站下车徒步 3 分钟

天龙寺

1339 年，足利尊氏为了镇压后醍醐天皇的灵魂，并供奉南北朝的牺牲者而建立了天龙寺。由于前后历经八次火灾，现在所见仅剩曹原池保持当年模样，其余都是明治时代重建。庭园中的曹源池出自名匠梦窗石之手，几株红叶与苍松互相帮衬，传送出恬淡优雅的韵味。池泉洄游式庭园借景是日本庭园造景的手法之一，此处岚山起伏的山脉，美景令人低回不已，已被列入世界遗产。而枯山水庭园中，白砂与绿苔所形成的对比，则给人一种宁静的感觉。园内还有棵枝垂樱，春天时节很是灿烂；早春时有梅花可赏，秋天则是满园枫红，四季景致各有不同。

DATA

址 京都市右京区嵯峨天龙寺芒 & 马场町 68 电 075-881-1235 时 08:30~17:30（10 月 21 日 ~3 月 20 日 08:30~17:00）票 庭园 500 日元，诸堂 + 庭园 600 日元 网 http://www.tenryuji.com 交 在 JR 京都站搭乘 JR 嵯峨野线“嵯峨岚山”站下车徒步 13 分钟，28 号公交车至“岚山天龙寺前”即达；或搭乘阪急电铁“岚山”站下车徒步 15 分钟，京福电铁“岚山”站下车徒步 1 分钟

西芳寺

原本是日本飞鸟时代传奇人物圣德太子的别墅，奈良时代僧人行基在这里建寺，原名西方寺，曾经一度荒废，镰仓时代末期由禅僧梦窗疏石曾经整备庭园。据说室町时代的将军足利义政太爱西芳寺的庭园，在东山殿打造同一规格的庭园，也就是日后的银阁寺。因为年代久远，现存的西芳寺，已不是梦窗疏石建庭的面貌，由于庭园中覆盖着120种苔类，又称“苔寺”。参观西芳寺需要事先以明信片申请，拜观费要3000元，而且参观庭园前必须先抄心经。

DATA
址 京都市西京区松尾町 电 075-615-8286 费 奉献3000日元 交 搭乘63、73、83号公交车，在“苔寺”站下车徒步3分钟 注 拜观采用预约制，在7天前，以回邮明信片写下预定参观日期人数、代表者等申请明细，寄至西芳寺，再凭着寺方回复的明信片入寺拜观

常寂光寺

“常寂光”语出佛典，指阿弥陀佛所居的净土。位于小仓山脚的常寂光寺，因此别有一番幽远宁静的意境。这里最著名的是秋天的枫叶，每到天气转凉，一层一层的红枫便渐高渐深地覆盖住寺中建筑，不胜绝美。尤其是茅草顶的仁王门周边枫叶景致，更是京都红叶绝景之一，称得上是岚山、嵯峨野的红叶第一名所。拾阶而上，往被列为重要文化财的多宝塔走去，视野渐渐辽阔了起来，整个嵯峨野的景致尽收眼底，心情也变得开朗了。

DATA
址 京都市右京区嵯峨小仓山小仓町3 电 075-861-0435 时 09:00~17:00，09:00~16:30 票 400日元 网 http://www.jojakko-ji.or.jp 交 JR嵯峨野线“嵯峨岚山”站下车徒步15分钟，京福电铁“岚山”站下车徒步20分钟；或搭乘11、93、61、62、71、72号公交车在“嵯峨小学校前”下车徒步10分钟

图片提供／Kentaro Ohno

岚山小火车

观光旺季总是客满的岚山观光小火车（嵯峨野トロッコ列车），从嵯峨到龟冈，沿着保津川峡谷一路上行，全长约7.3公里，沿路可见山川河谷风光，春樱、夏绿、秋枫，都有可观之处。由于观光小火车只有五节车厢，因此采取对号入座。必须事先购票、划位，如果是遇到旺季，最好一个月前就向旅行社订购，或是在JR京都车站预购车票，如果到了现场才去买票，大概只能望“车”兴叹。

DATA
电 075-861-7444 时 3月~12月底，每周三休（3/25~4/7、4/29~5/5、7/21~8/30、10/15~11/30无休） 票 单程600日元 网 www.sagano-kanko.co.jp 交 JR“嵯峨岚山”站下车

洛北 北山及下鸭 KITAYAMA · SHIMOGAMO

守护京都的两大神社

沿着贺茂川（鸭川）这条水脉，上游有上贺茂神社，下游是鸭川神社，是守护京都的两大神社。上贺茂神社周边有京都府立植物园，是京都市民亲近四季花卉的好去处，还有京都府立陶版名画庭园，可以欣赏建筑大师安藤忠雄的作品；至于下鸭神社前有原始林“糺之森”，清凉的绿意总是能为人带来疗愈身心的效果。

上贺茂神社

上贺茂神社的历史相当久远，据说是在公元7世纪后半期，由当时从奈良迁都到京都的豪族贺茂氏所建，祭祀的对象为别雷大神（雷神），所以正式名称是“贺茂别雷神社”。桓武天皇迁都平安京后，便将上贺茂的祭神视为镇护皇城的神明，千年以来，都扮演着守护京都的角色，目前也名列世界遗产之中。造访上贺茂神社，通常会对社殿前两座锥形沙堆感到好奇，它们的名称为“立沙”，象征神明降临的神山。

DATA

址 京都市北区上贺茂本山339 电 075-781-0011 时 本殿10:00~16:00 票 本殿500日元 网 http://www.kamigamojinja.jp 交 搭乘4、9、37号公交车在“上贺茂神社前”站下车

下鸭神社

下鸭神社正式名称为“贺茂御祖神社”，祭祀的对象是别雷大神的母亲玉依姬，以及外祖父贺茂建角身命（即贺茂族的始祖）。在传说中，玉依姬原本在鸭川中沐浴，无意间捡到一支红色的箭，此箭乃是火雷神的化身，玉依姬便因此受孕产下了别雷大神，后者成为守护皇城的雷神。下鸭神社跟上贺茂神社一样，都是可以祈求消除厄运的神社，不过因为有玉依姬这段典故，下鸭神社另外还有“结良缘”的效果。下鸭神社周边的大片森林称为“糺之森”，扮演着镇守下鸭神社的角色，林中有5000株树木，而且不乏超过500年的老树，由于这里的枫叶红得最晚，被称为京都最后的红叶秘境。

DATA

址 京都市左京区下鸭泉川町59 时 06:30~17:00、大炊殿10:00~16:00 票 大炊殿500日元 网 http://www.shimogamo-jinja.or.jp 交 京阪电车“出町柳”站徒步10分钟；搭乘1、4、25号公交车在“下鸭神社前”或“& 森前”下车徒步5分钟

京都府立植物园

在京都的樱花、枫叶名所中，很少会将京都府立植物园排入其中，其实园中的樱花、红叶都非常可观，不仅人潮较少，参观费也只需要200日元，反而是当地居民观樱赏枫的好去处。另外，一年之中，园中的玫瑰花园、紫阳花园、鸢尾花园，也会按照花期开放。园中另外还有个大型温室，从热带植物，一直展示到沙漠植物，还会举行不同主题的植物展，堪称是植物爱好者的乐园。

址 京都市左京区下鸭半木町 时 09:00~17:00，温室 10:00~16:00，12/28~1/4 休 票 200 日元，另有“陶版名画庭园”共通券 250 元 网 http://www.pref.kyoto.jp/plant 交 地铁乌丸线“北山”站下车徒步 10 分钟

晴明神社

晴明神社祭祀的是日本平安时代的阴阳博士安倍晴明。安倍晴明这几年因梦枕的畅销小说《阴阳师》而红得发紫，连带使得晴明神社也大兴土木，而焕然一新。所谓的“阴阳师”有点像是中国的风水师，本身具有法力可以助人消灾避恶。小说《阴阳师》就是以安倍晴明为主角，一段又一段奇幻术数故事，由于题材特殊加上情节引人入胜，《阴阳师》已经有了漫画版、电视剧，就连电影也连拍了两部呢！走进晴明神社，还可以看到电影演员亲自签名的绘马。

DATA

址 京都市上京区堀川通一条上ル 806 时 09:00~18:00 网 http://www.seimeijinja.jp 交 地铁“乌丸今出川”站徒步 12 分钟，或搭乘 9、12 号公交车于“一条戻桥·晴明神社前”站下车即达，59 号公交车于“堀川今出川”站下车徒步 2 分钟

北野天满宫

古代京都有七野，北野为御所北方的野原，平安时代，曾经在此地为了祈求五谷丰收，祭祀雷神。903 年，被流放外地的大臣菅野道真死后，京都就会发生一连串不祥事件，被认为是菅野道真的亡灵作怪所致，便在 947 年兴建了北野天满宫祭祀菅野道真，希望能安抚亡灵，将其威力导向正面。菅野道真生前学富五车，死后便被称为“学问之神”，考前来此祭拜，据说非常灵验。另外，因为菅野道真极爱梅花，曾经留下知名的咏梅和歌，北野天满宫便有梅林遍植梅花，并在他的诞辰 2 月 25 日举行“梅花祭”。

DATA

址 京都市上京区御前通今小路上ル马町 时 05:00~18:00、冬季 05:00~17:30 票 梅苑 600 日元，宝物殿 300 日元 网 http://www.kitanotenmangu.or.jp 交 京福电车“白梅町”站徒步 5 分钟；搭乘 50、55、101、203 公交车，在“北野天满宫前”站下车

洛北 贵船·鞍马·大原 KIBUNE·KURAMA·OHARA

深山享受森林浴

鞍马、贵船一带，位于山林中，加上远离市嚣，是一个洗涤身心灵的好去处，尤其是在盛夏时刻，京都市区炎热无比，此地与市区温差约五度，是极佳的避暑胜地。大原的魅力在于此地的田园风情，给人一种回返乡间的踏实感，因此吸引了不少观光人潮，不过从市区到大原，主要的大众交通工具是巴士，但是班次有限，出发前最好事先确认。

贵船神社

贵船神社位于鞍马山的西麓，分本殿、中宫、奥宫，从平安时代起，就是祭祀水神的神社。据说古代若要祈求下雨，就用白马作为祭品；祈求放晴，则用黑马。后来改由在木板上画马来取代真马，据说这就是“绘马”的由来。由于中宫的祭神是“磐长姬命”，是主掌结缘的神明，因此贵船神社也以求姻缘灵验而闻名。在夏季，由于贵船神社位于深山中，又有溪水流过，便成了避暑胜地。相较于市区，此地的气温会凉爽许多，沿岸的料理亭都会在河上搭建棚架，成为户外的用餐处，称为“川床料理”。在水上用餐，相当惬意，不过价格不菲，比较平民级的选择是“ひろ文”的流水面。

DATA

址 京都市左京区鞍马贵船町180 电 075-741-2016 时 06:00~20:00 交 在“出町柳”搭乘睿山电车睿山鞍马线于“贵船口”站，转乘京都巴士在“贵船”站下车徒步5分钟

鞍马寺

位于洛北的鞍马山，是古代京都人“山岳信仰”的对象，并相信山中存在着不可思议的怪物“天狗”。鞍马寺位于鞍马山上，创寺人相传是来自中国的高僧鉴真的弟子鉴祯。一般游客对于鞍马寺的兴趣，不少是来自源义经的故事，这位平安时代晚期的悲剧英雄，凭着高明的作战技术，协助兄长源赖朝，消灭了世仇平氏家族，最后却被哥哥逼上绝路。传说他少年时曾经在鞍马寺度过，而且还有天狗陪他练功，精进他的武艺，因此寺内特别建有义经堂来祭祀他。

DATA

址 京都市左京区鞍马本町1074 电 075-741-2003 时 09:00~16:30 票 200日元 交 在“出町柳”搭乘睿山电车睿山鞍马线于“鞍马”站下车

洛南 伏见 FUSHIMI

伏流涌出的酒乡

伏见位于京都市南侧，距离市中心约30分钟车程。这儿以日本酒闻名，区内聚集了不少独立经营的酒厂，其中，超过300年历史的增田德兵卫商店，制造的“地酒月之桂”更是皇室御饮；当年维新志士本龙马遇刺的客栈，至今也成为游客瞻仰景点。

伏见稻荷大社

由于日本古来以农业维生，因此祭祀农业神的稻荷信仰盛行全国，据说全日本有三万座稻荷神社。已有1300年历史的伏见稻荷大社是稻荷神社的本宫，每年都有大量的香客前来神社祭拜求取农作物丰收、生意兴隆、交通安全，使得该神社成为京都地区香火最盛的神社之一。伏见稻荷大社的“千本鸟居”相当有名。据说从江户时代开始，前来许愿的信徒们往往会捐款，在神社境内竖立一座鸟居来表达对神明的敬意，长期累积下来，众多鸟居可以串成一条红色的鸟居隧道，由于非常有“日本味”，电影《艺伎回忆录》曾经在此取景。

DATA
址 京都市伏见区深草薮之内町68 时 08:30~16:30 网 http://inari.jp 交 JR奈良线“稻荷”站下车徒步2分钟，京阪电车“伏见稻荷”站下车徒步5分钟

月桂冠大仓纪念馆

由于桃山丘陵涌现的地下水相当有名，自古以来，伏见的酿酒业就极为兴盛，知名的清酒品牌如“日出盛”、“富翁”、“神圣”、“名誉冠”都出于此地，其中最广为人知的，就是大仓酒造所生产的“月桂冠”。创建于1637年的月桂冠，具有相当的历史及规模，由酒藏改建而成的“月桂冠大仓纪念馆”，建筑仍保有江户时代的原貌，已被京都市指定为有形民俗文化财的重点保护对象，参观要300日元，不只可以参观造酒用具、过程等，还附赠一小瓶纪念清酒。

DATA
址 京都市伏见区南町247 电 075-623-2056 时 09:30~16:30 票 300日元 网 http://www.gekkeikan.co.jp/enjoy/museum 交 京阪电车“中书岛”站下车徒步5分钟；近铁“桃山御陵前”站下车徒步10分钟

寺田屋

坂本龙马是日本近代史的传奇人物，他虽然不是京都人，但是跟京都渊源很深，前后在京都遭遇过两次暗杀。第一次遭暗杀的地点就在伏见的寺田屋，当时他正促成了“萨长同盟”，让萨摩藩、长州藩两大势力同一阵线倒幕，龙马自然就成为幕府政权的眼中钉，因此派出捕快到龙马入住的旅馆寺田屋逮捕他，庆幸的是龙马顺利逃脱了。

现在寺田屋以旅馆和纪念馆的方式，对外开放营业，屋内留有据说是龙马遭狙击时留下的弹痕和刀痕，不过，根据历史资料显示，原始的寺田屋应该已经在战火中烧毁，现存的寺田屋应该是后人的再建。

DATA
址 京都市伏见区南町263 电 075-622-0243 时 10:00~15:40，1/1~3休馆 票 400日元 交 京阪电车“中书岛”站下车徒步8分钟；近铁“桃山御陵前”站下车徒步12分钟

洛南 醍醐·宇治 DAIGO·UJI

豪华赏樱舞台与茶乡

醍醐地区位于京都市伏见区东部，搭地铁东西线在“醍醐”站下车。传说古代曾有白发老翁在此地山上发现甘甜的地下水，大叹“真是醍醐味啊！”因此有“醍醐”之名。此地区最有名的寺院为醍醐寺，因为是赏樱名所，观光旺季涌现人潮，平时还算相当幽静。凝聚山水文学之美、抹茶之道的宇治，所产的日本茶是极品，千万记得吃一碗宇治金时冰。

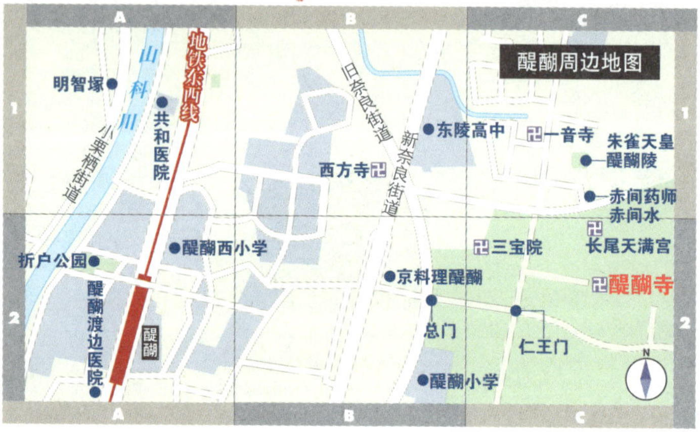

醍醐寺

由上醍醐和下醍醐两区所组成的广大寺院，最初是与弘法大师空海颇有渊源的理源大师圣宝在上醍醐所建，后来醍醐天皇将该寺作为自己的祈愿寺，大方资援，因此寺方后来就靠着坚强的财力，建立了下醍醐一带的寺院，成为洛南的大型寺院。

醍醐寺曾因战乱一度烧毁，战国时代名将丰臣秀吉因为要在此举行赏花大会，因此大手笔重建。“醍醐花见”人数多达千人，是日本史上最有名的赏花大会，而丰臣秀吉在花见结束后半年就过世。下醍醐现存的金堂、五重塔，以及上醍醐的药师堂、清泷宫殿，都属于国宝级的建筑物。

DATA

址 京都市伏见区醍醐东大路町 22 电 075-571-0002 时 3 月至 12 月第一周周日 09:00~17:00，11 月第一个周日 ~2 月 09:00~16:00 票 伽蓝入场费 600 日元、三宝院 600 日元、上醍醐 600 日元 网 http://daigoji.or.jp 交 地铁东西线“醍醐”站 2 号出口徒步 15 分钟，或是出车站后，转搭京阪巴士 22、22A、24 系统（JR 山科站前一号搭车处）在“醍醐三宝院”下车，车程约 20 分钟

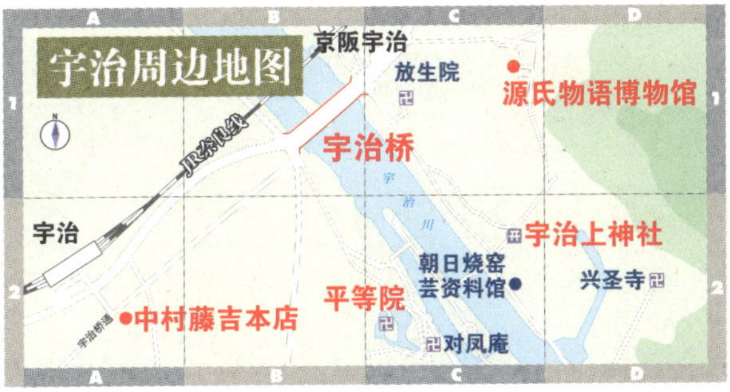

图片提供／m-louis

平等院

宇治一带环境清幽，向来是平安时代贵族建造别墅的所在地。平等院的前身，原本是平安时代权力极大的贵族藤原道长的别墅“宇治殿”。道长死后，其子藤原赖通继承家业，将其改为天台宗的寺院，也就是现在的平等院。平等院以净土式庭园闻名，中央是阿字池，池上为凤凰堂，堂中安置了壮观的阿弥陀如来坐像，上方悬挂着许多尊弹奏乐器的云中供养菩萨像，是平安末期净土教艺术的极致表现。

图片提供／cyesuto

DATA
址 京都府宇治市宇治莲华 116 电 0774-21-2861 时 8:30~17:30 票 500 日元 网 http://www.byodoin.or.jp 交 JR 奈良线“宇治”站，徒步 8 分钟；京阪宇治线“京阪宇治”站徒步 10 分钟

宇治桥 & 宇治川

宇治桥架于宇治川上，是日本三古桥之一，相传始建于646年，自古以来就是交通、军事要冲，在多次战乱中，宇治桥都成为两军对决的战场。战国时代的茶道大师千利休，据说曾经在此桥上取水，作为烹茶之用。现在的宇治桥，是1996年重新架设，在设计上特地安排了“拟宝珠”这种传统建筑物的装饰，以增加古意。在靠近平等院这一端，则有《源氏物语》作者紫式部的雕像。

DATA
交 京阪宇治线“京阪宇治”站徒步 2 分钟；JR“宇治”站下车徒步 5 分钟

宇治上神社

位于宇治神社北侧的宇治上神社，创建于平安时代，祭祀的对象是第十五代天皇应神天皇的皇太子菟道稚郎子。相传他为了要把皇位让给同父异母的兄长，为了避免造成兄长困扰，不惜自杀身亡。神社的本殿，是日本最古老的神社建筑，被列为日本的国宝。除了年代久远，宇治上神社也以名水闻名，境内的“桐原水”，名列宇治七名水之一，宇治上神社已于1994年被列为世界遗产。

DATA
址 京都府宇治市宇治山田 59 电 0774-21-4634 时 09:00~17:00(11-3 月 09:00~16:00) 票 免费 交 京阪宇治线“京阪宇治”站下车徒步 12 分钟

Chapter 6

旅游锦囊篇

实用资讯

快速了解资讯，轻松旅游快乐玩

当地资讯

●签证

持有效期半年以上之中华人民共和国护照，可获得单次90天观光签证。

●时差

日本比中国快1小时，意即北京时间早上9点，在日本为早上10点。

●货币

日本的货币单位为日元，日语写作“円”，符号为￥。分为纸钞和硬币，纸钞有四种面额，分别是1000、2000、5000、10 000元，2000元纸钞较少见，正面图案是冲绳的首里城，和其他纸钞使用人物肖像图案有所不同，非常好认。硬币有六种面额，分别是1、5、10、50、100和500元，大小、颜色、图案和重量都不同，中间有圆孔的只有5和50元。人民币1元约可兑换19.41日元（2015.1）。

信用卡

日本是个使用信用卡相当方便的国家，除了百货公司、大型店家外，有许多小型商店也可使用信用卡。主要以JCB、Visa、Master Card为主，但日本有些偏远或离岛店家可能无法使用，建议可先观察店家门口是否有可使用信用卡的贴纸。

●电压

日本的电源频率是50／60赫兹，电压为100伏特，且插座一样是两脚扁头型，中国的电压为220伏特，频率为50赫兹。因此两边的电器不可以互相使用。建议还是携带或是在日本购买电压转换器备用。

使用公用电话

●公共电话的类型

日本公共电话多为绿色或灰色，付费方式有投币式和卡式，卡又分为使用日本国内电话卡、日本国际电话卡和信用卡三种，有些为单一付费方式的机型，也有投币兼卡式的机型，至于该话机的拨号范围，则可看话筒上的日文和英文的显示画面，若是“内专用”指只能拨打日本国内电话，若是“际兼用”或“International & Domestic Phone”，则能拨打国际电话。日本电信系统不止一家，较常见的有NTT、KDDI等，有时拨号方式会有所不同，使用前要先看一下话机上面的说明。

使用投币式话机，可投入10日元或100日元的硬币，若是要拨打国际电话则仅能使用100日元。日本国内／国际电话卡随处可买到，无论是自动贩卖机、便利商店或车站内，每张金额不同，未使用完的额度不退费。

●拨打电话

在日本拨打当地电话，原则和中国一样，若为市内电话，直接拨号即可；若为长途电话，加上对方的区域号码后，再拨电话号码即可。

若想从日本拨打电话回中国，方式为001／0033／0041／0061(日本电信系统转接码)＋010(日本国际冠码)＋86(中国国际区码)＋区域号码去掉0＋对方电话号码

※所谓的日本电信系统转接码，指的是使用不同电信系统的公共电话时，所拨打的不同辨识号，例如NTT为0033。

手机漫游

3G手机直接漫游

国内电信企业多已和日本业者签订合作，只要使用3G手机，可以原机原号使用。以中国移动为例：出国前申请开通国际漫游，分为长期、短期两种。一般开通短期即可，有效期为30天。当天申请开通当天生效，但账户余额不得少于200元。从日本使用手机与中国通话，打出每分钟2.99元，接听每分钟1.99元。优点是方便，缺点是费用较高。建议在出国期间请客服先关闭语音信箱服务以避免多余通话费开销。

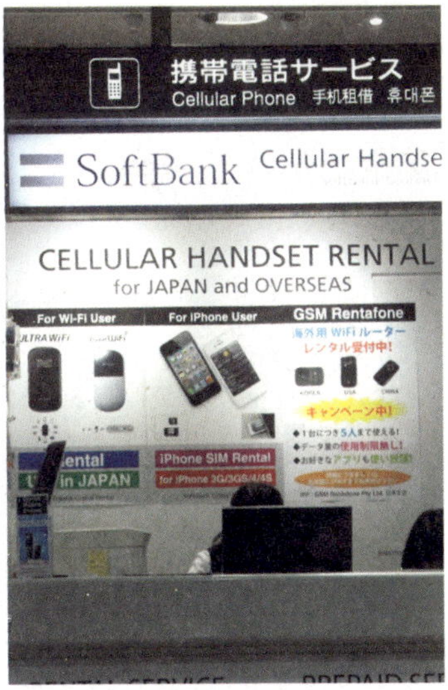

Tip 急难救助

- 中国驻日本大使馆
  电话03-3403-3380
  传真03-3403-3345
  24小时紧急联络电话090-8776-1119
- 中国驻大阪总领事馆
  电话06-6445-9481
  传真06-6445-9475
- 中国驻札幌总领事馆
  电话011-563-5563
  传真011-563-1818
- 中国驻福冈总领事馆
  电话092-713-1121
  传真092-781-8906
- 中国驻名古屋总领事馆
  电话052-932-1098
  传真052-932-1169
- 中国驻新潟总领事馆
  电话025-228-8888
  传真025-228-8901
- 全日本救援专线(英语) 0120-461-997
- 警察局110
- 火警和救护车119
- 海上紧急电话118

租用手机

可向日本较大的通信业者申请，例如softbank，使用网络事先预约或到日本机场办理皆可，收费项目分为手机租借费、日租费和通话费几种，遗失或毁损时需全额赔偿。办理租借时都需要顾客提供信用卡，各家费用计算方式不同，可多加比较。优点是费用最便宜，缺点是需另外申请，但大部分公司需以日文或英文办理手续。

旅行情报实用网站

- e-Kyoto http://www.e-kyoto.net
- 京都观光NAVI http://kanko.city.kyoto.lg.jp
- 来去京都 http://souda-kyoto.jp
- 京都观光 http://www.kyotokanko.com
- 京都市交通局
  http://www.city.kyoto.lg.jp/kotsu
- 京都观光研究所
  http://www.kyotokk.com/rakusai.html
- 京都定期观光巴士
  https://resv.kyototeikikanko.gr.jp

上网

●3G手机海外数据漫游

可在出发前先向个人手机号企业询问数据漫游费率，须先告知欲前往地点及日期，每家业者费率及收费方式皆不同，有以天数为主的海外上网吃到饱费率，也有依数据封包数计算等方式，请先依个人需要向业者申请开通。

图片提供／hetgallery

●无线上网

在日本Wi-Fi的设置越来越普遍，有免费开通者，也有需加入会员、付费等方式。若是看见“FREESPOT”(http://freespot.com)或“7SPOT”(http://webapp.7pot.jp)贴纸，则表示该区可免费无线上网，出发前可先上网查询要前往的地点是否有提供，FREESPOT只要连接就可使用，若需密码登入，可向该店店员或服务生索取，至于7SPOT则需先加入会员，才可开始使用。

除了免费方式外，还可以使用付费Wi-Fi，例如docomo Wifi(http://www.nttdocomo.co.jp)、BB MOBILE POINT(http://wireless.yahoo.co.jp)等，各家收费标准不同，可多加比较。

另也可以购买SIM预付卡上网的方式，最普遍的是“b-mobile SIM”(http://www.bmobile.ne.jp)，费用依期限、传输量等而不同，可购买适合自己的专案。

●京都目前可用之免费Wi-Fi服务

日本现在因政府推广观光，已有许多地点增设免费Wi-Fi热点，除了前面提到的FREESPOPT等服务外，可在大部分的星巴克店面享用到免费Wi-Fi服务，详细可使用的分店资讯可参考日本星巴克网站(http://300.wi2.co.jp/area/1/sbj_area/)。

另外，依据日本观光局的官方资料整理，目前京都可使用的免费Wi-Fi网络如下表所示：

分类	设施名称／地区	内容
公益团体	JNTO合作的旅游服务中心	目前有169处
京都地区及机场	关西机场	出境大厅和航站大楼内的热点区
	京都市	京都市巴士站、地铁站、超市等公共设施可使用3小时：“KYOTO_WIFI”。

●VISA信用卡Wi-Fi优惠方案

日本付费Wi-Fi公司Wire and Wireless目前针对国外观光客推出优惠方案Wi2300，只要在出发前先使用自己的VISA信用卡上网登记，可免费享有24小时的Wi-Fi服务，旅途其他天数还可用更优惠的方案购买付费Wi-Fi服务。可使用的Wi-Fi热点包括大部分大众交通工具、饭店、餐厅等处。目前都有此项活动可参加，游客不妨可将这项服务列入考虑。（参考网页：http://300.wi2.co.jp）

●无线基地台租借

日本有不少厂商推出行动上网基地台租借服务，通常以日数计算，可在抵达当地机场后租借，回国前归还至原处即可。最大的优点在于一台机器可同时供多人多设备使用，若是多人共同分担费用可节省不少开销，但须先调查不同机型一次可容纳的连线设备数量。而无线基地台较易耗电，可一同租借移动电源。另外，旅途中若遗失机器须负担赔偿费用。建议规划行程时先比较各机型及方案。（参考网页：http://www.telecomsquare.co.jp/index.html；http://www.softbank-rental.jp）

购物与退税

在日本同一家商店，同一天购物超过1万日元以上(不含1万日元)即可办理退税(约5%)，但要注意并非每家商店都可办理退税，一般来说百货公司能办理退税的几率较高，也并非每样商品都可退税，若属于消耗型物品，例如保养品、药品等不可退税。在结账前可先询问店员，然后凭护照和收据即可到指定地点办理，且日本退税是当场立即退还现金，和其他国家是出境时在机场办理较为不同。

图片提供／rayand

图片提供／matsuyuki

防盗防窃

日本的治安不错，对于外国人的态度和善，旅途中想要玩得轻松又安心，不必太过紧张，但也不能因此而掉以轻心。例如结伴同行，深夜时段不在外逗留，尽量避开黑暗或不熟悉的巷道，注意随身行李和财物，不可轻易相信陌生人等，如此一来也能降低发生意外的几率。

若真的不幸遇到自己遗失财物的状况，请就近向遗失地点的车站服务人员、百货商场或旅游景点的服务处联系，请他们帮忙找寻；若是遇到窃盗或抢案，要直接拨打110，或就近向派出所报案。若是护照遗失，请直接向中国驻日本使领馆办理补发。

注意个人健康

在外旅游，既想玩得开心，也要注意不能给身体造成太大的负担，以免无法尽兴。

出发前，要保持体力，规划行程时也注意勿安排太密集的行程，尤其自助游不像跟团，所有移动几乎都靠大众交通工具，容易感到疲累。打包行李时，记得携带常备药品。旅途中，记得带双好走的鞋，避免过大步行量对身体造成负担，并多补充水分和维生素。日本的自来水除了少数标示不可饮用外，可直接生饮，或在自动贩卖机或超商购买饮料，也是非常便利。若有过敏体质应避免易引发过敏的食物，不要暴饮暴食、三餐不正常或尝试过于稀奇的料理。

日本四季分明，早晚或季节性的温差较中国明显，旅游时应注意保暖或避免中暑，尤其冬季时降雪时相当寒冷，因此御寒衣物、保暖物品(如暖暖包)等一定要准备充足，若真的出现身体不适的状况，严重时建议直接拨打119叫救护车。

交通资讯

轻松安排行程

班机资讯

从中国飞往京都最近的机场为大阪关西国际机场，第二近的机场为中部国际机场，但因飞大阪的班机较多、离京都距离较近，故旅客多选择自关西机场进出。直飞的航空公司有中国国航、东方航空、南方航空等，多达十几家航空公司的航班可以选择。

图片提供／hetgallery

出发地	目的地	航空公司	机场位置	航班数(每周)
北京首都机场	大阪关西机场	中国国航	T3	每天
		东方航空	T2	每天
		吉祥航空	T3	
		全日空	T3	每天
上海浦东机场	大阪关西机场	中国国航	T2	每天
		东方航空	T1	每天
		上海航空	T1	每天
		日本航空	T2	每天
		全日空	T2	每天
		春秋航空	T2	
		吉祥航空	T2	

备注：以上均为直飞航班。

机场－市区接驳

抵达关西国际机场后，有以下几种方式进入京都。

●铁路

若想直达京都车站，最快的方式是到第一航厦的2楼，去乘坐JR特急列车はるか号，因为是往返于机场之间的车种，空间足够，有可放置行李的地方，不用担心。车程时间约80～90分钟，自由席的票价为基本车资1830日元，加上特急券940日元，总共2770日元。

南海电气铁道

南海电气铁道的搭乘地点就在JR西日本的旁边，搭乘南海空港急行列车到“天下茶屋站”，车资890日元，车程约需43分钟，每约15分钟就有一个车次，相当频繁。之后再去换搭阪急电铁的“京都线”，才能抵达终点站的“河原町”，车资660日元，车程约需60分钟。

●利木津巴士

从关西国机几场搭乘巴士前往各大都市也十分方便，搭乘地点在第一航厦的1楼，开往京都的巴士则在8号月台搭乘；或是第二航厦的1楼，开往京都的巴士则在1号月台搭乘。车程约100分钟，车资为2500日元。

公交车

图片提供／PartyO

在京都旅游时常会利用到公交车，搭乘方式为后门上车、前门下车(单一车门的车型除外)。收费方式分为两种：一为全程单一价格(包括均一系统、循环系统、洛巴士、100元循环巴士、夜晚巴士，除了100元循环巴士外，其余收费均为220日元)：二为多区间调整价格(上车时抽取整理券，下车时缴回，视行走距离收费)。京都市交通局发售有市公交车一日乘车券，每张500日元。并有发售京都观光乘车券，可无限搭乘市公交车、地铁和京都巴士，一日券为1200日元，二日券为2000日元。

便宜车票

若想节省交通费，必须了解关西地区可使用的交通票券，现将较常使用的票券内容整理如下。

票券名称	使用范围	票种	价格
日本铁路周游券	全日本的JR铁道、巴士或渡轮，除特定JR路线外(例如山阳新干线)	7日券	28 300日元
		14日券	45 100日元
		21日券	57 700日元
		5日券	19 500日元
		7日券	22 000日元
		任选4日券	19 500日元
关西地区周游券	京都、大阪、神户、奈良、姬路地区(不可搭乘新干线)	1日券	2000日元
		2日券	4000日元
		3日券	5000日元
		4日券	6000日元
关西广域地区周游券	关西地区(京阪神)至关西国际机场、滋贺、敦贺、冈山等地区的列车（含山阳新干线）	4日券	7000日元
关西广域地区周游券(名侦探柯南・城崎温泉周游券)	关西地区(京阪神)至关西国际机场、滋贺、敦贺、冈山等地区的列车（含部分山阳新干线）	5日券	8000日元
山阳地区周游券	大阪、京都、奈良、冈山、广岛、博多（福冈）地区（含山阳新干线、宫岛渡轮）	4日券	20 000日元
		8日券	80 000日元
关西周游卡(KTP)	京都、奈良、大阪、神户、和歌山、姬路、大津等关西地区的私铁、地铁和市内巴士(部分路线不可乘坐)	2日券	3800日元
		3日券	5000日元
近铁广域五日周游券	关西国际机场到南海电铁“难波站”和中部国际机场到近铁“名古屋站”的往返车票各一张，可无限次搭乘近铁电车、伊贺铁道、三重交通巴士和鸟羽市海鸥巴士	5日券	5700日元
近铁五日周游券	可无限次搭乘近铁电车和伊贺铁道	5日券	3700日元
京都观光一日(二日)乘车券	可无限次搭乘京都市巴士、京都地铁和京都巴士	1日券	1200日元
		2日券	2000日元
京都观光一日乘车券	可无限次搭乘近铁(部分路线)、地铁和京都巴士	1日券	1800日元、2100日元
映画村・岚山嵯峨野回游乘车券	可连续无限往返于映画村和岚山之间，附赠一张东映太秦映画村门票	2日券	2400日元
宇治・伏见・八幡一日券	可无限乘坐“八幡市站”至“丹波桥站”、“中书岛站”至“宇治站”以及“八幡市站”至“男山山上站”	1日券	600日元
奈良・斑鸠一日券	可无限次搭乘各社局指定区间、近铁指定区间和奈良巴士指定区间	1日券	1600～2700日元

●脚踏车

京都主要景点分布不远，近年来大力推广脚踏车旅游，加上租金低廉，故成为许多旅客的首选。首先可先确认投宿地点是否提供免费的脚踏车，或住客可使用较便宜的价格租借，不然到京都车站附近，也可以很方便地租到脚踏车，每天租金约800～1000日元。

北京市版权局著作权合同登记图字：01-2014-4940
策　　划：丁海秀　李荣强
责任编辑：李荣强

图书在版编目（CIP）数据

第一次自助游京都超简单／吕怡珊等编著、摄. --北京：旅游教育出版社，2015.1
ISBN 978-7-5637-3082-7

I. ①第…　Ⅱ. ①吕…　Ⅲ. ①旅游指南—京都　Ⅳ. ①K931.39

中国版本图书馆CIP数据核字（2014）第280477号

本书由台湾宏硕文化事业股份有限公司授权出版

第一次自助游京都超简单

吕怡珊　林倩仔等　编著·摄影

出版单位：旅游教育出版社
地　　址：北京市朝阳区定福庄南里1号
邮　　编：100024
发行电话：（010）65778403 65728372
　　　　　65767462（传真）
本社网址：www.tepcb.com
E-mail：tepfx@163.com
排版单位：北京旅教文化传播有限公司
印刷单位：北京嘉业印刷厂
经销单位：新华书店
开　　本：720毫米×1000毫米　1/16
印　　张：10
字　　数：178千字
版　　次：2015年1月第1版
印　　次：2015年1月第1次印刷
定　　价：35.00元

（图书如有装订差错请与发行部联系）